HISTORIQUE DE LA GUERRE

Fascicule n° 22

PAR

Ferdinand BAUDOUIN

Ancien Officier de Réserve
Juge de paix à Ruffec, Maire de Couture-d'Argenson (2-Sèvres)
Officier de l'Instruction Publique

HISTORIQUE
DE
LA GUERRE

PAR
Ferdinand BAUDOUIN

Ancien Officier de réserve,
Juge de Paix à Ruffec, Maire de Couture-d'Argenson,
Officier de l'Instruction Publique.

VINGT-DEUXIÈME PARTIE

Nouveaux combats à Notre-Dame-de-Lorette.
Echec d'une nouvelle tentative des zeppelins sur Paris.
Capitulation de Przemysl (Galicie).
Progrès des Français à Carency.
Les Russes abandonnent Mémel (Prusse orientale).
Progression des Belges sur l'Yser.
Le sous-marin allemand « U-29 » est coulé.
Les Russes progressent dans les Carpathes.
Bombardement de la gare de Metz et des casernes de Strasbourg par des aviateurs français.
Les Français s'emparent du sommet de l'Hartmannswillerkopf.
Violent combat aux Eparges.
Bombardement de Libau (Baltique) par la flotte allemande.

NIORT
IMPRIMERIE TH. MARTIN
Rue Saint-Symphorien

1915

— Le ministre de la guerre s'est rendu sur le front des armées aujourd'hui, 22 mars, il a visité le secteur nord-ouest de Reims.

Le général de Maunoury est inscrit au tableau spécial de la médaille militaire et le général de Villaret sur celui de la Légion d'honneur pour le grade de commandeur. Ces deux officiers généraux, blessés grièvement en visitant une tranchée de première ligne seront promptement en état de reprendre leurs commandements.

En Russie. — Un télégramme du grand état-major russe fait connaître que ce matin, 22 mars, la forteresse de Przemysl s'est rendue. Cette place forte a soutenu un siège héroïque de près de 7 mois, sa chute sera d'un effet moral considérable en Autriche. L'armée russe d'investissement forte d'environ 200.000 hommes va pouvoir se porter sur le point du front où sa présence se trouvera nécessaire. La route de Cracovie et celle de Buda-Pesth sont maintenant ouvertes. Le tsar, à l'occasion de cet heureux événement a conféré au grand-duc Nicolas l'ordre de Saint-Georges de 2ᵉ classe et au général Ivanow, l'ordre de Saint-Georges de 3ᵉ classe.

En Turquie. — Le mauvais temps empêche les opérations importantes des flottes alliées. Le dragage des mines continue, Les aéros alliés ont fait des reconnaissances au-dessus des forts bombardés, ils ont constaté le bon résultat du bombardement.

Le navire anglais *Améthyst* endommagé il y a quelques jours dans les Dardanelles avait pour mission de couper le câble télégraphique qui relie Kilid-Bahr à Chanak. Il réussit à couper le câble sans être aperçu mais au retour il reçut une véritable pluie d'obus.

Documents historiques, récits et anecdotes

LES SEPT REPAS DE LA LESSIVEUSE. — Connaissez-vous l'histoire de l'Anglais et de la lessiveuse ?... C'est Jules Huret qui la recueillit dans ses Etudes sur l'Allemagne.

Un Anglais était venu s'installer à Cologne et avait appelé une femme pour faire sa lessive et celle de sa famille. Avant de l'engager, il lui demanda ses conditions:

— Eh bien, voilà, dit-elle, j'arriverai chez vous à six heures du matin.

— Si tôt? s'étonna l'Anglais.

— Oui, c'est l'heure de mon premier déjeuner.

— Aoh! fait l'Anglais.

— Oui. Vous me donnerez du café au lait, pas très fort, du pain et du beurre. Puis je travaillerai jusqu'à huit heures et demie. Alors je recevrai du jambon et de la bière. A dix heures et demie, je recevrai encore un peu de café et le pain à la graisse. A une heure, c'est le dîner: je prends de la soupe, de la viande, des légumes, de la bière et du café. A quatre heures, je recevrai un morceau de fromage, du café et du pain. A six heures une tartine avec un bout de saucisson. A huit heures, pour le souper, je ne suis pas difficile, vous me donnerez ce que vous voudrez. Et vous me paierez 3 marks 50.

— Et si je vous priais de manger toute la journée, demanda l'Anglais, combien me prendriez-vous?

Cette histoire que l'on raconte volontiers dans la province rhénane, aux étrangers qui s'étonnent de voir l'Allemand jouer constamment des mandibules, cette histoire a l'air d'une charge. Elle est en réalité une peinture parfaitement exacte de la goinfrerie boche. L'ouvrier allemand fait bel et bien les sept repas par jour réclamés par la lessiveuse. Tout au moins en fait-il six; et je doute qu'il se résigne de bon cœur à réduire ce minimum.

Toute cette nourriture n'est pas très relevée. Peu importe. Ce qui compte pour l'Allemand, ce n'est pas la qualité, c'est la quantité. Que le pain, qui est déjà si mauvais en temps normal, le soit un peu plus en temps de guerre; que la graisse sente le vieux cuir et la charcuterie le moisi, ça n'a pas d'importance pourvu qu'on mange à son appétit. Or, l'appétit allemand est une chose impérieuse et kolossale contre laquelle les objurgations du patriotisme n'auront pas grand effet.

Tout ira bien tant que la lessiveuse pourra faire ses sept repas par jour... Mais après?... (*Petit Journal.*)

COMMENT EST MORT LE CONSEILLER D'ÉTAT COLLIGNON. — Le 46ᵉ régiment d'infanterie, illustre par le souvenir de La Tour d'Auvergne, vient de perdre un soldat dont il était fier.

Le conseiller d'Etat Collignon, ancien préfet, ancien secrétaire général de la présidence de la République, âgé de 58 ans, s'était engagé au 46ᵉ régiment.

Il avait refusé le galon de sous-lieutenant et avait fait toute la campagne comme simple soldat.

Le colonel lui avait confié la garde du drapeau et tous aimaient à voir auprès des trois couleurs, ce troupier à barbe blanche qui portaient sur sa capote la rosette rouge.

Le 16 mars, à Vauquois, le régiment occupait le village bombardé. Les hommes avaient cherché un abri dans les caves des maisons en ruines.

Sous la pluie des obus, Collignon sortit pour aller porter secours à un soldat blessé.

Un éclat d'obus l'atteignit à la carotide et il mourut presque aussitôt.

Il a été enterré le 18 mars à Aubreville. Tous ses compagnons d'armes ont pleuré sa mort.

Afin de commémorer le souvenir de Collignon non moins glorieux que celui du premier grenadier de France, son nom aux appels du 46ᵉ régiment suivra le nom de La Tour d'Auvergne. Selon la tradition, il sera répondu: « Mort au champ d'honneur ». — (*Officiel.*)

Dépêches officielles
Premier Communiqué

Au nord d'Arras, à Notre-Dame-de-Lorette, une contre-attaque allemande nous ayait repris avant-hier soir quelques éléments de tranchées; nous les avons reconquis hier.

A La Boiselle (nord-est d'Albert), la guerre de mine continue; après avoir fait exploser une galerie ennemie, nous avons occupé la plus grande partie de l'entonnoir.

Reims a reçu dans la journée de dimanche, une cinquantaine d'obus.

En Argonne, nous avons infligé à l'ennemi deux sérieux échecs: près de Bagatelle, nous avons fait exploser trois mines et deux de nos compagnies ont enlevé d'assaut une tranchée allemande où elles se sont maintenues malgré une forte contre-attaque. A cinq cents mètres de là, l'ennemi, après avoir fait exploser deux mines et bombardé nos tranchées, s'est précipité à l'attaque sur un front de deux cent cinquante mètres environ. Après un corps à corps très chaud, les assaillants ont été rejetés malgré l'arrivée de leurs renforts; notre artillerie les a pris sous son feu pendant qu'ils se repliaient et leur a infligé de très grosses pertes.

Deuxième Communiqué

Sur le plateau de Notre-Dame-de-Lorette, nous tenons la totalité des tranchées disputées dans les jours derniers, sauf un élément de dix mètres qui reste aux mains des Allemands.

Aux Eparges, l'ennemi a contre-attaqué cinq fois pour reprendre les positions conquises par nous. Son échec a été complet.

Nous avons réalisé des progrès au nord de Badonviller.

A la suite des échecs subis par eux à La Boiselle, les Allemands ont bombardé l'hôpital civil d'Albert. Le drapeau de la Croix-Rouge flottait sur l'hôpital.

Le tir a été exécuté après repérage par avion. Plusieurs projectiles ont porté. Cinq vieillards ont été tués, plusieurs autres blessés; la supérieure a été grièvement atteinte.

L'aviation française a activement et utilement riposté au raid impuissant des zeppelins sur Paris dans la nuit du 0 au 21.

En Belgique, dans la journée de dimanche, vingt obus ont été lancés sur l'aérodrome de Gits, sur la voie ferrée et les stations de Lichterfelde et de Eessen.

Dans la région de l'Aisne, les casernes de la Fère, les gares d'Anizy, Chauny, Tergnier et Coucy-le-Château ont été atteintes par nos avions.

En Champagne, le champ d'aviation et les dépôts de munitions de Pont-Favergé ont reçu de jour et de nuit plusieurs obus de 90. La gare de Conflans-Jarny et les voies avoisinantes ont été bombardées (40 obus). L'efficacité du bombardement a été constatée.

Les casernes et la gare de Fribourg-en-Brisgau ont reçu huit obus.

Dans la soirée du 22, à 20 heures 50, trois bombes ont été lancées sur Villers-Cotterets et l'on a signalé un zeppelin se dirigeant vers l'ouest. L'alarme a été donnée à Paris, où toutes les dispositions prévues ont été prises.

Un aviatik a été poursuivi jusqu'à Roulers à coups de carabine. Dix obus de 90 ont été lancés sur la gare de Merkem et sur celle de Wyfvege.

Plus au sud, près de La Bassée, la chasse a été donnée à deux avions ennemis qui ont été obligés de rentrer dans leurs lignes. La gare de Roye a été efficacement bombardée. Dans la vallée de l'Aisne, un aviatik a été mis en fuite par deux de nos avions.

En Champagne, 500 fléchettes ont été lancées sur un ballon captif allemand; plusieurs obus sur la gare de Bazincourt et sur les batteries ennemies de Brimont et de Vaill... Un avion allemand a été pourchassé au nord de Reims.

En Alsace, le sergent Faize, pilote, et le sous-lieutenant Moreau ont abattu un aviatik sur la voie ferrée à l'ouest de Colmar. Six obus ont été lancés sur la gare de Cernay. Les casernes de Mulheim et la gare d'Altkirch ont été efficacement bombardées.

Dans la journée de lundi, nous avons bombardé, en Belgique, la gare de Satden, près de Roulers, et divers cantons nements. Plusieurs obus ont été lancés avec succès sur le champ d'aviation de la Bruquette, près de Valenciennes.

---

23 MARS 1915

Progrès des Français à Carency. — Une ligne de tranchées allemandes est enlevée à l'Hartmannswillerkopf. — Les Russes abandonnent Mémel (Prusse orientale).

Situation des armées sur le front occidental

La journée d'hier n'a pas été marquée par de grosses opérations, on ne signale que quelques actions locales qui nous ont été avantageuses.

L'ennemi s'acharne après les cathédrales de Reims et de Soissons, il occupe les loisirs de son artillerie à achever l'œuvre de destruction de ces deux villes. Cependant à Soissons notre artillerie lourde a réussi à faire cesser le tir des Allemands.

En Belgique, dans la région de Nieuport, notre artillerie a dominé l'artillerie ennemie, on ne parle pas d'actions d'infanterie ayant un caractère sérieux.

Nous avons progressé un peu à Carency (nord-ouest d'Arras) et nous avons résisté à des contre-attaques allemandes près de Bagatelle (Argonne) et aux Eparges.

En Champagne, les Allemands paraissent avoir renoncé, du moins momentanément, à nous disputer les positions conquises. Nous avons effectué un nouveau progrès à l'est de la crête 196, sans éprouver une très grande résistance de l'ennemi. Sur toute la ligne Souain-Beauséjour nous n'avons subi aucune attaque d'infanterie, l'artillerie seule a donné.

Les Allemands ont renouvelé à Vauquois leur procédé d'arrosage de nos tranchées avec du liquide enflammé, ils ont obligé nos soldats à abandonner la tranchée aspergée et à se retirer quelques mètres en arrière. Ils ont décidément droit à un brevet d'incendiaires.

En Haute-Alsace, la lutte paraît avoir repris possession de l'Hartmannswillerkopf, nous avons enlevé dans la matinée du 23 mars une tranchée ennemie, c'est une légère avance qui a une très grande portée, c'est un acheminement vers la prise de possession tout entière de cette position importante tant disputée et qui a coûté aux belligérants tant de vies humaines.

F. B.

Nouvelles diverses publiées par les journaux

— Le 22 mars, vers 8 heures 50 du soir, un zeppelin a survolé Villers-Cotterets et a jeté trois bombes, il s'est ensuite dirigé vers l'ouest. L'alarme a été donnée à Paris mais le zeppelin a sans doute rejoint les lignes allemandes car il n'a pas été vu sur la capitale.

— On apprend que nos aviateurs dans leur raid sur Habsheim, près de Colmar, ont détruit deux avions allemands et quatre hangars.

— Le 21 mars, un avion allemand est passé au-dessus de Béthune, salué par notre artillerie, il s'est dirigé sur Lillers où il a laissé tomber plusieurs bombes qui ont tué une femme et blessé cinq civils.

— Le vapeur anglais *Concord* a été torpillé hier, 22 mars, par un sous-marin allemand à hauteur d'Eastbourne.

— Au cours d'une violente tempête, deux grands navires marchands allemands se sont perdus au large des îles danoises.

— On apprend de Christiania que 170 tonnes d'aluminium destinées à l'Allemagne ont été confisquées par les autorités norvégiennes.

— Le steamer *Elfland* affrêté par le comité de secours américain-belge, a été attaqué par un avion allemand près du bateau-phare de Noord-Hindur.

— Un conseil de guerre siégeant aux environs de Nancy vient de condamner à mort une femme, nommée Schmidt, qui se livrait à l'espionnage dans une localité de Meurthe-et-Moselle.

— Le docteur Vincent, médecin en chef du Val-de-grâce, à Paris, vient de découvrir un vaccin contre le choléra.

En Russie. — Les résultats de la reddition de Pzemysl commencent à se faire sentir. Les Russes préparent une nouvelle et violente offensive dans les Carpathes. On estime à 750.000 hommes les troupes russes qui vont être massées dans cette région en vue de briser les lignes autrichiennes. Ils menacent également en Bukovine le flanc droit des armées autrichiennes.

Du Niémen à la Vistule, rien d'important à signaler, les Russes se sont emparé de Langzarguenn, ils ont fait des prisonniers, pris un dépôt de munitions et du matériel du génie.

En Turquie. — Les navires alliés, en raison du mauvais temps, n'ont pas quitté leur mouillage. Lors de la dernière opération, huit forts ont été détruits ou gravement endommagés. La ville de Tchanak a été incendiée.

Une division des flottes alliées surveille toujours le golfe de Smyrne.

Documents historiques, récits et anecdotes

L'HÉROISME DE L'ÉTAT-MAJOR ET DE L'ÉQUIPAGE DU « BOUVET. » — *Il a sombré en saluant le drapeau du cri de « Vive Ma France! »*. — Le correspondant de la *Patris* à Ténédos décrit les péripéties de l'action où furent engagés les cuirassés *Bouvet* et *Gaulois*.

Le commandant du *Bouvet* avait reçu l'ordre de traverser la zone dangereuse des torpilles et de se frayer un passage pour arriver devant Dardanelles, les alliés devant ainsi devenir les maîtres des détroits jusqu'à Nagara.

A 2 heures 1/2, le *Bouvet* se trouvait à cinq milles de Dardanelles, en face du fort Dardanos; il avait traversé deux zones de torpilles; le *Gaulois* suivaient, faisant feu de tous ses canons.

Le commandant du *Bouvet*, par une manœuvre habile, put éviter deux torpilles qui furent détruites par des contre-torpilleurs aux acclamations des équipages; mais touché par une troisième torpille dans la région de ses soutes, le *Bouvet* coula.

Sachant qu'il allait à la mort, le commandant Rageot de la Touche donnait à ses hommes l'exemple du plus beau courage et, quand le *Bouvet* sombra, on vit l'état-major du cuirassé qui, debout, avant d'être englouti, saluait le drapeau d'un cri unanime de: « Vive la France! ».

Le *Bouvet* s'enfonça par la proue, tandis que les hélices battaient l'air de leurs derniers tours.

Sept des survivants du *Bouvet*, qui avaient pu atteindre une barque, passèrent la nuit dans une baie de la côte européenne; ils furent recueillis le lendemain par un torpilleur anglais.

Le commandant Biard, du *Gaulois*, quand il vit le *Bouvet* sombrer, n'hésita pas à commander: « En avant, à toute vitesse », mais son bâtiment, ayant été touché sept fois, dut revenir en arrière et aller mouiller à l'île Navria.

Dépêches officielles

Premier Communiqué

L'ennemi a bombardé Reims. Un avion allemand, en jetant des bombes sur la ville, a fait trois victimes dans la population civile.

En Champagne, nous avons légèrement progressé à l'est de la cote 196.

En Argonne, près de Bagatelle, l'ennemi a contre-attaqué violemment à deux reprises pour reprendre le terrain perdu par lui dimanche; il a été complètement repoussé.

Deuxième Communiqué

En Belgique, dans la région de Nieuport, notre artillerie a détruit plusieurs observatoires et points d'appui; nous avons vu s'enfuir les occupants.

Au nord-ouest d'Arras, à Carency, nous avons enlevé une tranchée allemande, que nous avons démolie, et nous avons fait des prisonniers.

A Soissons nouvelle tentative de bombardement, qui a été arrêtée presque aussitôt par notre artillerie.

En Champagne, l'ennemi a bombardé les positions conquises par nous dans les dernières journées mais n'a pas attaqué.

A Vauquois, près de l'église, les Allemands ont aspergé une de nos tranchées d'un liquide enflammé. Nos troupes ont, sur ce point, reculé d'une quinzaine de mètres.

Aux Eparges, l'ennemi a prononcé deux attaques qui ont été arrêtées net.

A l'Hartmannswillerkopf, nous avons enlevé une ligne de tranchées et un blockhaus.

24 MARS 1915

Les Belges progressent sur l'Yser. — Les Français progressent à nouveau à l'Hartmannswillerkopf. — Des avions anglais bombardent Hoboken près d'Anvers. — La flotte russe bombarde plusieurs ports turcs dans la mer Noire.

Situation des armées sur le front occidental

Après la violente canonnade des alliés durant ces derniers jours, le long de l'Yser et dans le voisinage d'Ypres, il fallait s'attendre à une action d'infanterie assez importante, elle s'est produite dans la journée du 23 mars et une division belge a progressé sur la rive droite de l'Yser pendant qu'une autre division enlevait aux Allemands une tranchée sur la rive gauche. Les mouvements de troupes allemandes continuent en Belgique.

L'ennemi a tenté deux attaques contre nos positions de Notre-Dame-de-Lorette, dans la nuit du 23 au 24 mars mais elles n'ont eu aucun succès. L'occupation de ce plateau a pour nous une très grande importance car il commande la plaine au nord et à l'est, c'est pourquoi les Allemands s'y sont cramponnés avec la plus grande énergie. Ils voudraient le reprendre coûte que coûte, mais nous ne paraissons pas disposés à les laisser s'installer à nouveau sur cette position.

Il est une autre crête, non moins importante, que Notre-Dame-de-Lorette, sur laquelle s'est déroulée hier une brillante action, c'est l'Hartmannswillerkopf, en Alsace. Nous gagnons peu à peu le sommet, en enlevant une à une les tranchées allemandes. Inutile d'ajouter que l'ennemi s'y défend avec énergie et qu'il faut à nos troupes une opiniâtreté sans égale pour pouvoir le déloger de positions solidement établies et à la possession desquelles il attache le plus grand prix.

Depuis quelques jours la Champagne est passée au second plan et les communiqués d'aujourd'hui ne parlent que d'une seule attaque, qui du reste a été enrayée, avant de pouvoir se dessiner, contre le fortin de Beauséjour.

Les raids de nos aviateurs sur l'Aisne commencent paraît-il à inquiéter sérieusement les Allemands et des mesures ont été prises à Mulhouse, Colmar. etc., pour avertir les habitants de l'arrivée des aviateurs français.

F. B.

Nouvelles diverses publiées par les journaux

— Presque tous les journaux reproduisent un télégramme d'Amsterdam qui annonce qu'une violente canonnade a été entendue le 23 au matin, au nord de l'île de Schiermonnikoog (archipel de la Fraise), on croit à un combat naval dans la mer du Nord.

— On annonce qu'un zeppelin gravement endommagé à atterri à Liège, le 21 mars, mais on prétend que c'est l'un des deux zeppelins qui ont pris part au raid sur Paris.

— Un sous-marin allemand a tenté de torpiller, le 23 mars, à hauteur du bateau-phare Hinder, le vapeur hollandais *Orange-Nassau*.

— Le vapeur *Mecklenbourg* parti de Flessingue le 23 mars a été poursuivi par un bateau de pêche allemand qui lui a tiré trois coups de canon. En donnant toute sa vitesse le navire a continué sa route pour Londres.

— Le 21 mars, à six heures du soir, un combat aérien a eu lieu sur Helfranzkirchh entre des avions français et trois avions allemands, la lutte a duré une demi-heure, les trois avions allemands ont été descendus.

— L'atelier du sculpteur allemand Benzel, à Paris, ayant été mis sous séquestre, on y a trouvé 38 exemplaires du buste du kaiser. Ces bustes ont été saisis.

— Le président de la République, accompagné du général Duparge est allé visiter hier, 23 mars, l'hôpital américain installé à Suilly-sur-Marne.

En Russie. — Les Russes, lors de la reddition de Przemysl ont fait prisonniers 9 généraux, 2.600 officiers et 117.000 soldats.

Le drapeau du 34ᵉ d'infanterie allemand qui s'est rendu à Prasnysz a été retrouvé dans un puits où il avait été caché.

Dans le nord de la Pologne, les combats continuent très acharnés notamment sur la rive gauche du Niémen. La forteresse russe d'Ossowietz est toujours assiégée mais le feu des batteries allemandes semble s'affaiblir. Dans les Carpathes l'avance russe continue notamment entre les cols de Doukla, les Autrichiens ont perdu 3.500 prisonniers, 3 canons et 16 mitrailleuses.

En Turquie. — Hier, 23 mars, à dix heures, les navires alliés sont entrés dans les détroits, accompagnés de nombreux bateaux relève-mines. Le bombardement a repris.

La flotte russe a bombardé le 22 mars plusieurs ports de l'Asie Mineure. A Constantinople on considère que les flottes alliées ont virtuellement mis à néant les défenses des Dardanelles. Le manque de charbon se fait sentir et de nombreuses usines sont arrêtées.

Documents historiques, récits et anecdotes

LE CALME RÉSOLU DE LA FRANCE. — Parmi les nations en guerre, la France a été celle qui s'est montrée la plus opiniâtre, la mieux adaptée, la plus déterminée, la plus silencieuse et la moins portée à se plaindre.

Il y a seulement une année, nous aurions été certains que la France serait le plus bruyant des membres de ce concert, que son tempérament déborderait, que son éloquence serait irrépressible et que son patriotisme ne cesserait de bouillonner. Bien loin de là, nous avons trouvé l'Allemagne et l'Angleterre beaucoup plus portées à s'exprimer, à s'expliquer, à s'excuser, et faisant beaucoup plus d'embarras.

La France a subi sur son territoire le fardeau de la guerre, la lutte l'a atteinte plus profondément qu'aucun autre combattant et la France n'a pas eu un mot de plainte. Elle n'a demandé aucun ménagement, aucune sympathie, aucun concours; elle a glorieusement prouvé qu'elle est tout à fait capable de se tirer d'affaires par elle-même, elle a produit le plus grand soldat de cette guerre: Joffre; elle a gagné la plus grande bataille de cette guerre sur la Marne.

Elle a subi seule le premier coup donné dans l'action et elle en est sortie plus confiante que jamais.

Elle a eu de l'argent à prêter aux petites puissances alliées et elle l'a prêté, elle a maintenu ses affaires sur une base solide, sa circulation monétaire est saine, elle a évité de grossir son papier-monnaie.

Faisant face à une question de vie ou de mort, solide dans sa détermination, sachant qu'en affrontant la mort elle mériterait de vivre, la France a été, parmi les puissances belligérantes, la plus belle figure nationale. Elle n'a pas perdu son temps à en parler; elle a pris son fusil et elle est allée là où on tirait. Tout à coup le monde a découvert que personne ne tirait tout à fait aussi bien que les Français, que personne n'acceptait si bien de recevoir des balles, que personne ne s'inquiétait moins d'être tué et que personne n'était plus disposé à courir en avant et répugnait si fort à courir dans toute autre direction...

La bataille de la Marne et la retraite qui l'avaient précédée ont réellement cassé les reins à l'offensive allemande... D'autres peuples adonnés aux manifestations excessives peuvent se laisser aller au cabotinage, mais ce n'est pas l'affaire du Français stoïque, calme et appliqué à sa tâche.

Il a d'autres poissons à frire, et il en fait une friture honnête, propre et appétissante.

Fascicule 22

Dépêches officielles

Premier Communiqué

Une division de l'armée belge a progressé sur la rive droite de l'Yser; une autre a enlevé une tranchée allemande sur la rive gauche.

A l'Hartmannswillerkopf, nous avons enlevé, après la première ligne dont il a été question dans le précédent communiqué, une deuxième ligne sur un front de trois compagnies. Nos troupes s'organisent au delà de cette deuxième ligne et à très courte distance du sommet. Nous avons fait des prisonniers parmi lesquels plusieurs officiers.

Deuxième Communiqué

Au nord d'Arras, les Allemands ont tenté deux attaques sur le grand éperon de Notre-Dame-de-Lorette dans la nuit de mardi à mercredi; leur échec a été complet.

En Champagne, dans la nuit également, une attaque a été tentée contre le fortin de Beauséjour. Elle a été aussitôt enrayée.

---

25 MARS 1915

Echec d'une attaque allemande à Notre-Dame-de-Lorette. — Le sous-marin allemand « U-29 » est coulé. — Un sous-marin allemand coule le vapeur hollandais « Médéa ». — Les Russes progressent dans les Carpathes.

Situation des armées sur le front occidental

La journée a été très calme sur l'ensemble du front et les communiqués signalent que quelques opérations locales d'ordre secondaire; ce sont des attaques allemandes qui ont toutes échouées, l'une dans la région de la cote 196, en Champagne, l'autre en Argonne à Fontaine-Madame et une autre aux Eparges.

Il parvient d'Amsterdam des nouvelles fort intéressantes mais auxquelles on ne peut pas ajouter foi, car en général elles sont inexactes.

On annonce que nous sommes à la veille de grands événements; que les allées et venues des Allemands prouvent qu'ils sont prêts à effectuer une suprême tentative pour briser les lignes alliées ou que tout au moins ils se préparent activement à résister à la pression menaçante des alliés qui deviennent de jour en jour plus forts.

Le correspondant d'un journal anglais dans les Flandres fait connaître que la population vient d'éprouver une satisfaction qui a été de courte durée. Profitant de l'acalmie qui régnait ces jours derniers sur le front de l'Yser, les Allemands ont fait des essais en vue d'une retraite éventuelle de leurs troupes. Le 19 et le 20 mars, sur un ordre du quartier général, les divisions d'infanterie de réserves stationnées à Roulers furent embarquées dans des trains spéciaux qui prirent la direction de Gand, tandis que celles de Thielt furent dirigées sur Bruges. Quelques heures après elles revinrent à leurs cantonnements. Ces mouvement furent, paraît-il, exécutés à la perfection. Tout le matériel, canons, munitions et ambulances furent préparés comme s'il se fut agi d'un départ définitif.

Un quart d'heure après la réception de l'ordre, les troupes partaient. La légende prétend que la satisfaction des habitants n'avait d'égale que celle des troupes qui eurent un moment l'illusion d'une évacuation réelle. Il faut espérer que le véritable mouvement de retraite ne tardera pas à s'effectuer.

F. B.

Nouvelles diverses publiées par les journaux

— Le payeur principal Desclaux, traduit en conseil de guerre pour vol de denrées, est condamné à sept ans de réclusion et à la dégradation militaire. Ses complices sont condamnés, Mme Béchoff, à deux ans de prison et Vergès à un an de prison.

— Un communiqué de l'amirauté anglaise dit qu'on a de bonnes raisons de croire que le sous-marin allemand *U-29* a été coulé. L'équipage entier aurait péri.

— Cinq avions anglais, partis hier, 24 mars au matin, de la base d'aviation de Dunkerque, ont opéré une attaque contre les docks d'Hoboken, près d'Anvers, où des sous-marins allemands sont en construction. Les bombes lancées par les aviateurs ont atteint leur but. Sur cinq sous-marins qui se trouvaient en construction, un fut complètement détruit et un autre sérieusement endommagé.

— Des aviateurs français, accomplissant un raid brillant, ont jeté des bombes sur Ostende et causé des dégâts considérables.

— Les Allemands ont jeté à nouveau des bombes sur Pont-à-Mousson, l'une des bombes a causé des dégâts considérables à l'Eglise Saint-Laurent, dons les vitraux ont été brisés.

— Les obsèques du général Delarue, tué d'une balle au front pendant qu'il inspectait une tranchée ont été célébrées hier à Châlons-sur-Marne.

— Le Gouvernement américain a découvert une vaste conspiration ayant pour but de permettre aux navires allemands de s'échapper des ports américains où ils sont internés. Ces navires sont surveillés avec le plus grand soin.

— Des volontaires grecs, au nombre de 500 sont arrivés hier à Marseille pour contracter un engagement volontaire dans l'armée française pour la durée de la guerre.

En Russie. — Pendant la journée du 23 mars, l'escadre allemande de la Baltique composée de 7 grands navires et de 28 torpilleurs a bombardé les villages du littoral russe. A 6 heures du soir elle a disparu.

Dans les Carpathes, la bataille se dessine en faveur des Russes.

En Pologne, les Allemands, pour se venger des dommages causés par les Russes à Mémel, ont incendié les édifices publics de Suwalki.

En Turquie. — Suivant l'avis d'officiers de marine les mines flottantes empêchent seules la continuation des opérations dans les Dardanelles. Le dragage de ces mines continue.

Suivant un télégramme de Ténédos, deux destroyers anglais ont pénétré hier très avant dans les détroits, ils sont allés jusqu'à Nagara.

Documents historiques, récits et anecdotes

COMMENT LE ROI ALBERT SE FAIT AIMER DE SES SOLDATS. — On sait l'affectueuse sollicitude dont le roi Albert entoure ses soldats, dont il partage lui-même les dangers.

La semaine dernière, près de Nieuport, un officier supérieur de haute taille s'avançait, à la nuit tombante, vers les tranchées. Un soldat de garde croisa aussitôt la baïonnette, en criant: « Qui vive? ».

— Je suis le roi, répondit l'officier.

— Le mot de passe? répliqua la sentinelle, sans relever son arme.

Le roi Albert donna alors le mot, puis il s'approcha d'une tranchée et se mit en devoir de déranger les planches qui la recouvraient afin de se frayer un passage.

Aussitôt, de l'intérieur, s'éleva une protestation violente et indignée: « Pas par là, mille tonnerres! De l'autre côté... »

Le souverain obéit. Il pénétra, en se courbant en deux, dans l'étroit boyau. Un commandant était là, avec ses hommes.

— Je viens voir si vos hommes n'ont pas froid, dit le roi Albert, et s'ils ont de bonnes couvertures.

Et le souverain resta une heure dans la tranchée, interrogeant tous les soldats, palpant leurs couvertures pour s'assurer de leur épaisseur, leur demandant s'ils ne souffraient pas du froid, de l'humidité ; s'ils ne désiraient pas quelque chose.

Qui s'étonnera, après cela, que le roi Albert soit adoré de ses soldats ?

Dépêches officielles

Premier Communiqué

En Champagne, action d'artillerie assez vive.

Dans la région de la cote 196, nous avons repoussé trois attaques.

En Argonne, une attaque allemand à Fontaine-Madame a échoué.

Aux Eparges, nous avons repoussé trois contre-attaques de l'ennemi.

Rien à signaler sur le reste du front.

Deuxième Communiqué

Journée calme ; rien à signaler, si ce n'est l'échec d'une attaque allemande à Notre-Dame-de-Lorette.

26 MARS 1915

Les alliés progressent au nord de Saint-Georges. — Les aviateurs français bombardent la gare de Metz et les casernes de Strasbourg. — Un zeppelin bombarde Lonitza (Russie).

Situation des armées sur le front occidental

Nous traversons une période d'un calme presque complet sur l'ensemble du front, de la mer aux Vosges. Les communiqués d'aujourd'hui ne contiennent rien d'important. En Belgique, dans la région de Nieuport, après un violent combat d'artillerie, nos troupes ont occupé une ferme en avant de nos lignes, au delà de Saint-Georges. Quelques attaques allemandes ont été repoussées, deux au bois de Consenvoye, trois aux Eparges et deux au bois Le Prêtre.

Sur la crête du Reichackerkopf, en Alsace, l'ennemi, en présence de ses efforts infructueux pour réoccuper cette position n'a rien trouvé de mieux à faire que d'arroser nos tranchées de première ligne avec du liquide enflammé, ce procédé devient à l'état chronique chez les Allemands. Heureusement, nos soldats commencent à être au courant de cette méthode incendiaire et ils prennent des dispositions en conséquence. L'arrosage pour cette fois n'a donné aucun résultat et nos diables bleus, comme les appellent les Allemands, n'ont pas lâché leur position. Pour peu que cela continue chacun de nos troupiers devra être pourvu, dans nos tranchées de première ligne d'un vêtement spécial capable de le préserver des atteintes du liquide enflammé.

Si les troupes se reposent un peu dans leurs tranchées par suite de l'arrêt momentané des opérations, nos aviateurs travaillent ferme et font de la besogne utile. L'Alsace est en ce moment le théâtre de leurs exploits. Hier, six d'entre eux ont bombardé les hangars à dirigeables de Frescaty et la gare de Metz. Ils ont lancé une douzaine d'obus qui ont déterminé une véritable panique; violemment canonnés, ils ont pu rentrer à bon port.

D'autres aviateurs ont bombardé les casernes de Strasbourg. C'est une magnifique riposte au raid des zeppelins sur Paris.

F. B.

Nouvelles diverses publiées par les journaux

— Le sous-marin allemand *U-28* a coulé, hier, 25 mars, le vapeur hollandais *Médéa* venant de Salonique et se rendant à Londres. L'agression s'est produite au sud de Beachy-Héad.

— Le même jour, le vapeur anglais *Delmina* a été coulé au large de Honfleur par le sous-marin allemand *U-32*

— Le cuirassé anglais *Audacious* qui avait été avarié dans le canal du Nord par un navire allemand et que l'on avait cru coulé, est maintenant prêt à reprendre la mer.

— Un raid d'avions alliés a été effectué hier contre les usines de cuivre de Heyst. Plusieurs Allemands ont été tués et beaucoup d'autres ont été blessés.

— Un avion allemand a survolé Saint-Omer le 21 mars il a jeté des bombes qui n'ont fait que peu de dégâts.

— Les aviateurs alliés ont survolé le 25 mars une partie des Flandres, ils ont jeté des bombes sur le terrain d'aviation de Gits, près de Roulers, d'autres bombes à Standrée, près de Bruges. Un aéroplane a fait une reconnaissance au-dessus de Zeebrugge.

— La mission japonaise, composée d'une dizaine d'officiers, est passée hier à Hazebrouck, elle se rend sur le front.

En Russie. — Un télégramme privé annonce une grande

victoire russe à Starostyna où la bataille dure depuis trois jours. L'extrême droite autrichienne aurait été surprise par des forces russes considérables et aurait été repoussée du col d'Uzock. Les pertes autrichiennes sont énormes, celles des russes sont également très fortes.

L'armée russe progresse également sur ses deux ailes, à l'ouest du Niémen et en Bukovine.

Il semble résulter de certains renseignements que les Russes auraient évacué Mémel et que la marine allemande a participé aux opérations qui ont précédé l'évacuation de cette ville.

En Turquie. — Les alliés ont débarqué dans l'île de Ténedos un corps expéditionnaire de 30.000 hommes, ils ont été transportés par 40 vapeurs.

Les navires alliés accompagnés de nombreux bateaux relève-mines sont entrés dans les Dardanelles le 25 mars.

On annonce que le maréchal Von der Goltz et le général Liman von Sanders ont quitté Constantinople pour se rendre, le premier à Berlin, le second à Andrinople.

En Italie. — Le désaccord paraît s'accentuer entre l'Autriche et l'Italie. L'Autriche masse des troupes sur la frontière italienne et de part et d'autre tout en négociant de la paix on se prépare à la guerre.

Documents historiques, récits et anecdotes

UN MARIAGE MILITAIRE SUR LE FRONT. — Un mariage militaire vient d'être célébré sur le front, dans un petit village des Hauts-de-Meuse.

La cérémonie eut lieu dans une modeste salle d'école, l'école maternelle, servant de bureau à l'officier payeur du ... régiment d'infanterie.

La cérémonie n'a pas manqué d'originalité: A côté d'un bureau improvisé avec une table dont le bois était masqué par une couverture de campement, on voit les bottes de paille qui servent de lit aux secrétaires de l'officier; des sacs, des fusils, des équipements tous les coins, et deux cartes géographiques clouées au mur, forment tout le décor de ce qui devient pour un instant la salle des mariages.

Deux chaises pour les époux, un banc pour les quatre témoins, tous militaires. L'officier de l'état-civil, un lieutenant du régiment du mari, annonce qu'en vertu des pouvoirs qui lui sont conférés, il va procéder à la célébration du mariage de M. L... avec Mlle F...

Un caporal secrétaire donne lecture des pièces utiles, et après avoir rappelé aux futurs époux leurs droits et leurs devoirs respectifs, les questions sacramentelles sont posées selon les prescriptions du Code.

Deux réponses affirmatives, et M. L... et Mlle F... sont déclarés unis par le mariage.

Puis l'officier prononce une allocution disant que, malgré les tristesses de l'heure présente, il est heureux d'avoir présidé à la célébration du premier mariage qui sera inscrit dans les annales du ... régiment. Puis il ajoute: « Pendant que votre mari va rejoindre ses camarades qui dans la tranchée défendent l'honneur de la France, tout son passé de gloire ainsi que les libertés conquises par nos pères, vous allez rentrer, chère Madame, dans notre chère Bourgogne, emportant avec vous un légitime regret, celui de revenir seule dans votre foyer; mais je suis persuadé que, comme toutes les bonnes Françaises qui attendent là-bas, vous ne voulez notre retour qu'après la victoire. C'est, Madame, l'idéal commun; mais comme les mères spartiates qui en armant d'un bouclier le bras de leurs enfants s'écriaient: « Reviens dessus ou dessous, » vous ne pourrez manquer de dire en vous séparant de votre époux: « Pour la France, « va vaincre ou mourir. » Ne désespérez pas, Madame, car nous ne désespérons point; nous vaincrons! »

Portes grandes ouvertes, un public nombreux, militaires et civils, des femmes et des enfants se pressaient curieusement dans la salle trop petite pour voir célébrer le premier mariage à l'armée de l'Est.

Dépêches officielles

Premier Communiqué

La journée du 25 a été calme sur la plus grande partie du front; pluie presque continue.

Entre Meuse et Moselle, des tentatives d'attaque de l'ennemi ont été facilement et immédiatement repoussées: deux au bois de Consenvoye et au bois des Caures (nord de Verdun), trois aux Eparges, deux au bois Le Prêtre.

Deuxième Communiqué

En Belgique, dans la région de Nieuport, combat d'artillerie. Plus au sud, nous avons enlevé et occupé, au nord de Saint-Georges, une ferme en avant de nos lignes.

En Champagne, bombardement sans attaque d'infanterie.

En Lorraine, au nord de Badonviller, nous avons solidement organisé le terrain gagné par nous depuis le 22.

En Alsace, au Reichackerkopf, les Allemands ont lancé sur nos tranchées du liquide enflammé sans d'ailleurs obtenir de résultat.

---

27 MARS 1915

Les Français s'emparent du sommet de l'Hartmannswillerkopf. — Un avion allemand est descendu à Manonviller. — Des avions belges jettent des bombes sur le camp d'aviation de Ghistelles. — Les armées russes menacent la Hongrie.

Situation des armées sur le front occidental

Aujourd'hui, comme hier, les nouvelles officielles sont plutôt rares. Les attaques ennemies paraissent avoir perdu de leur violence accoutumée, elles sont du reste moins nombreuses et précédées de jets de bombes ou d'explosions de fourneaux de mines. On sent que les Allemands n'ont plus la conviction de vaincre toujours et quand même qu'ils possédaient au début des hostilités, les nombreuses déceptions qu'ils ont éprouvées ont modéré leur ardeur. Ainsi, dans le Nord, en Belgique, on dit que les officiers allemands reconnaissent qu'ils ne pourront pas rester à Ostende, s'ils sont attaqués par terre et par mer, ils ont donc pris leur parti de l'abandon d'Ostende et tous leurs efforts tendront à conserver Zeebrugge, comme base navale de leurs sous-marins.

L'opération la plus importante de la journée du 26 mars est le couronnement de l'action engagée depuis plusieurs jours par nos troupes contre la position de l'Hartmannswillerkopf. A la suite d'un combat très vif, nous avons atteint le sommet de la position et nous nous y sommes installés solidement, nous avons même progressé sur les flancs nord-est et sud-est de la crête. L'affaire a été menée vigoureusement, nos pertes sont peu élevées, alors que les Allemands ont laissé de nombreux morts sur le terrain et abandonné un matériel relativement important. La prise de ce massif revêt la même importance en Alsace que celle de l'éperon de Notre-Dame-de-Lorette en Picardie. Nous dominons maintenant les vallées alsaciennes et que nous avions le plus grand intérêt à tenir sous le feu de nos troupes et nous avons la possibilité d'enrayer dès son début toute action offensive de l'ennemi. Comme à Notre-Dame-de-Lorette, attendons-nous à un effort considérable des Allemands pour réoccuper la position. Attention au liquide enflammé.

F. B.

Nouvelles diverses publiées par les journaux

— Le conseil des ministres de Hollande vient de signer avec les Etats-Unis un traité de défense et de protection de ses colonies.

— Le Président de la République a quitté Paris hier pour se rendre aux armées.

— Un avion allemand a survolé Dunkerque ce matin, il a été chassé par le feu de notre artillerie après avoir jeté six bombes sans causer de dégâts importants. Un autre taube a jeté une bombe sur Calais ne causant que des dégâts insignifiants. Un autre avion allemand a lancé deux bombes sur Estaives, elles n'ont pas éclaté en tombant mais deux enfants ayant eu l'imprudence d'en manipuler une, elle éclata, les tuant tous les deux.

— Deux vapeurs suédois *Véra* et *Jeanne* ont été amenés à Glasgow et leur cargaison de riz a été saisie, elle provenait paraît-il d'un vapeur allemand mouillé à Vigo.

— Le transatlantique français *Niagara* arrivé au Havre venant de New-York, aperçut au large de Cherbourg un sous-marin qui arrivait sur l'ui, il le distança rapidement grâce à la vitesse de ses machines.

— Le paquebot anglais *Arabic* a échappé hier à un sousmarin allemand dans les mêmes conditions.

— On annonce de Copenhague que trois vapeurs allemands chargés de minerai de fer ont été coulés dernièrement dans la mer Baltique, probablement par des sousmarins russes. Ce sont les vapeurs *Bavaria, Kœnigsberg, Germania*. Le dernier vapeur a été coulé le 15 mars.

— Un grand nombre de cuirassés et de croiseurs allemands, formant deux escadres, ont fait leur apparition dans la Baltique. Beaucoup de bâtiments marchands des pays neutres, qui avaient pris la mer, sont rentrés aussitôt.

— Le charbonnier allemand *Macédonia* qui s'est échappé de Las Palmas a été vu à hauteur du cap Vert.

En Russie. — Dans la vallée du Niémen, il n'est rien signalé d'important. Dans les Carpathes, les Russes ont fait des progrès considérables dans la direction de Bartfeld, au sud du col de Doukla. Au cours de la journée du 25 mars, les Russes ont fait prisonniers 2.500 Autrichiens dont 40 officiers.

En Turquie. — Trois navires anglais et deux français mouillent avec des transports dans le golfe de Smyrne.

Un avion allemand au service de la Turquie a survolé à une grande hauteur la flotte alliée à l'encre à Ténédos.

Les amiraux alliés ont tenu un conseil important et des instructions spéciales ont été remises aux capitaines de vaisseaux.

En Roumanie. — Le gouvernement vient de s'opposer au passage de 21 wagons allemands chargés de munitions à destination de la Turquie.

Documents historiques, récits et anecdotes

L'UN DES ZEPPELINS VENUS SUR PARIS FUT ATTEINT PAR NOS SHRAPNELS. — *C'est maintenant une certitude.* — Le premier zeppelin qui s'en vint sur Paris, on ne l'a pas oublié, fut repéré aussitôt qu'il quitta la vallée de l'Oise.

Le projecteur d'un fort du camp retranché de Paris le noya dans ses flots de lumière dès 1 heure 32 et ne le lâcha plus.

On put voir ainsi un monstrueux appareil s'avancer vers Paris, survoler la ville durant un quart d'heure, puis repartir. On put ainsi diriger sur lui le feu de nos 75.

L'oiseau de nuit, volant vers son repaire, passa au-dessus du moulin de Sanmois, puis il obliqua vers la forêt de Montmorency.

C'est à ce moment qu'il fut attaqué avec plus de vigueur par l'artillerie des forts de la zone nord. Sans relâche, les 75 accompagnèrent le pirate dans sa fuite.

Des forts, nos artilleurs suivaient à l'œil nu l'éclatement des obus dans le ciel. Leur tir, on le constata aisément, devenait de seconde en seconde terriblement plus précis. A droite, à gauche, en avant, en arrière, au-dessus, au-dessous, partout, autour du zeppelin, les obus éclataient et leurs déflagrations lumineuses formaient comme une circonférence dont l'appareil était le centre, dont le diamètre diminuait d'instant en instant.

On approchait de 400 mètres, 350. On venait d'arriver à 300 mètres du zeppelin, quand un éclair de joie passa dans les yeux des artilleurs et de leurs officiers.

Un projectile avait éclaté à cent mètres du monstre, et le zeppelin, piquant du nez, commençait à descendre. Bientôt, l'appareil s'arrêtait dans sa course vers le sol, et, sans pouvoir remonter, réussissait à s'éloigner lentement. Avait-il été touché? On se le demandait quand on l'avait vu s'arrêter dans sa course et descendre. On en a maintenant la certitude. On vient de retrouver dans ces parages, tout près de la petite gare de Belloy, entre Luzarches et Montsoult, un gros bidon d'essence de cent litres, de provenance étrangère.

C'est évidemment le zeppelin qui a été obligé de se délester, atteint par notre 75. S'il a pu poursuivre néanmoins sa fuite, il n'a pu le faire qu'en s'allégeant.

Les pirates ont ainsi emporté, dans leur repaire, sous forme d'une plaie à leur engin, la preuve que, lorsqu'ils viennent rendre visite à nos 75, ceux-ci ne les laissent pas partir sans leur offrir quelque souvenir.

Dépêches officielles
Premier Communiqué

L'ennemi a bombardé cette nuit Arras avec des obus de tous calibres: un commencement d'incendie a été rapidement éteint.

La guerre de mines a continué à La Boisselle dans de bonnes conditions pour nous.

En Argonne, dans la région de Bagatelle, jet de bombes d'une ligne à l'autre; pas d'attaque d'infanterie.

En Alsace, après une action énergique de plusieurs jours, nous avons atteint le sommet de l'Hartmannswillerkopf que nous avons enlevé à l'ennemi. Nous avons, en même temps, progressé sur les flancs nord-est et sud-est du massif en faisant encore des prisonniers, dont plusieurs officiers.

Les Allemands ont abandonné un matériel important et laissé de nombreux morts sur le terrain; nos pertes sont peu élevées.

Un avion allemand a lancé plusieurs bombes sur Willer (nord-ouest de Thann); trois petits enfants ont été tués.

Deuxième Communiqué

Journée calme sur l'ensemble du front. Aucune activité de l'ennemi.

Un avion allemand qui avait jeté une bombe dans la région de Manonviller a été abattu par nous; le pilote et l'observateur sont prisonniers.

---

28 MARS 1915

Le vapeur anglais « Vosges » est coulé par un sous-marin allemand. — Violent combat aux Eparges — Bombardement de Libau (Baltique) par la flotte allemande.

Situation des armées sur le front occidental

Les opérations signalées dans les communiqués du 28 mars ne dénotent pas une activité plus grande aujourd'hui qu'hier. Dans la journée du 27, nous avons conquis une tranchée ennemie à Marcheville, sur les Hauts-de-Meuse, et dans la matinée du 28 nous l'avons perdue.

On signale une légère avance aux Eparges où nous avons conquis 150 mètres de tranchées.

Dans le Nord, l'armée belge se maintient sur ses positions

et riposte énergiquement au feu de l'artillerie ennemie. Cette armée paraît avoir pris un certain ascendant sur l'armée allemande, à la suite des combats qui se sont déroulés la semaine dernière sur les rives de l'Yser. Dans cette région qui est encore inondée les attaques en masse si chères à l'ennemi ont dû être abandonnées et la bataille dégénère en combats isolés dans lesquels il faut parfois combattre avec de l'eau jusqu'à la ceinture; inutile d'ajouter que les Allemands n'ont pas de dispositions pour ce genre de combats et qu'il leur faudra encore attendre un certain temps avant que les marécages soient complètement desséchés.

Le communiqué de 23 heures nous dit que nous avons consolidé nos positions à l'Hartmannswillerkopf. C'est la deuxième fois que nous occupons ce sommet qui au mois de janvier n'était défendu que par une grand-garde qui s'est trouvée dans l'impossibilité de résister à une attaque allemande.

Maintenant nous sommes maîtres du massif et en bonne posture pour empêcher l'ennemi de tourner Thann par le Nord. Les Allemands ont perdu dans les différents combats qui durent depuis le 23 mars sur ce point, plusieurs milliers de morts et un matériel assez important. Ils ont laissé entre nos mains 353 soldats valides, 6 officiers, 34 sous-officiers et de nombreux blessés.

Le communiqué de 15 heures nous apprend également que des aviateurs belges ont bombardé le hangar d'aviation de Ghistelles.   F. B.

Nouvelles diverses publiées par les journaux

— Le vapeur anglais *Vosges* a été coulé le 26 mars, près de la côte de Cornouailles par un sous-marin allemand.

— Le paquebot anglais *Tychos* revenant de Bombay est arrivé à Hull après avoir échappé à l'attaque d'un sousmarin allemand qui lui a lancé une torpille sans l'atteindre.

— Le soldat Bossong en traitement à l'hôpital militaire Begin, à Paris, a donné son sang à un blessé qui, par le fait de cette transfusion du sang, est revenu à la vie. Comme le médecin-major le félicitait, il a répondu: « Mon sang est à la France et à tous ceux qui se sont battus pour elle. »

— Le général Pau est allé hier rendre visite au roi de Bulgarie, à Sofia. Il a gardé la plus grande réserve sur l'entretien mais il a paru très satisfait de cette entrevue.

— Le maréchal von der Goltz est arrivé à Berlin. On croit qu'il vient faire des démarches pour obtenir une nouvelle aide financière en faveur de la Turquie.

— Le colonel Peppino Garibaldi est arrivé ce matin à Rome. Il a déclaré entre autres choses: « J'ai cru de mon devoir de venir prendre ma place en Italie à l'heure où la patrie a besoin de tous ses enfants. »

En Russie. — Les Russes sont victorieux sur tout le front, du Niémen en Bukovine. Ils sont maîtres de tous les défilés des Carpathes et les armées autrichiennes sont dans l'impossibilité de résister à leur offensive générale. Suivant des renseignements parvenus de la meilleure source, le 91e régiment d'infanterie hongrois aurait refusé de partir pour la Galicie, le 92e régiment aurait eu également une attitude douteuse. Les mutins du 91e auraient presque tous été exterminés et ce sont des régiments roumains qui ont été envoyés contre les Russes.

En Turquie. — Les dragueurs de mines continuent leur travail dans les Dardanelles. On annonce que la zone des torpilles serait débarrassée jusqu'à la ville de Dardanelles. D'après des nouvelles reçues de Vourla, les canons à longue portée, manœuvrés par des Allemands auraient été transportés de Constantinople à Smyrne.

Les préparatifs de l'assaut final des Dardanelles, télégraphie-t-on d'Athènes, sont formidables. Les Français déclarent que d'une manière ou d'une autre les Dardanelles seront forcées.

En Italie. — Les préparatifs de guerre continuent. Un grand paquebot italien est parti à vide pour le Brésil, où il embarquera des réservistes.

Documents historiques, récits et anecdotes

FOCH ET FRENCH. — Le général Zurlinden raconte, dans le *Gaulois*, cet émouvant épisode de guerre:

A la fin d'octobre, la situation de nos armées dans le Nord était d'une gravité exceptionnelle. Devant les attaques violentes et sans cesse renouvelées des Allemands, l'armée belge écrasée par le nombre, avait évacué Dixmude, qui avait été repris glorieusement par nos fusiliers marins, mais au prix de quelles pertes! Nos propres troupes avaient été fortement éprouvées. Le général Foch avait vu tuer autour de lui son fils et son gendre. L'armée anglaise avait subi des pertes effroyables, et son vaillant commandant en chef se demandait avec anxiété s'il n'allait pas être forcé de faire passer ses troupes en deuxième ligne pour pouvoir les refaire, les renforcer au plus vite. Devant nous, l'empereur Guillaume avait accumulé corps d'armée sur corps d'armée, et, tout annonçait une attaque formidable. La situation était aussi sombre que possible, lorsque, dans la nuit du 31 octobre au 1er novembre, à 2 heures du matin, le général Foch se présenta au quartier général anglais. Dès qu'il fut en présence du maréchal French, il lui dit:

« Les Allemands ont devant nous seize corps d'armée; avec les vôtres nous n'en aurons que dix. Si vous vous retiriez, je resterais avec huit corps contre seize, un contre deux. Restez!... Jamais, dans l'histoire, l'armée anglaise n'a reculé. Quant à moi, quoi qu'il arrive et dussé-je me faire tuer, je ne lâcherai pas pied, je vous en donne ma parole de soldat... donnez-moi la vôtre... »

Le maréchal avait écouté silencieux, les larmes aux yeux; il embrassa le général Foch et lui répondit simplement, gravement: « Oui! »

N'est-ce pas sublime? Comment, devant des hauteurs de caractère pareilles ne pas s'incliner profondément, respectueusement? Le lendemain ce fut la journée sanglante, mémorable, des Flandres. L'empereur Guillaume lança ses masses sur nos lignes furieusement, en colonnes serrées, par division, les fifres et tambours en tête, les officiers à cheval comme pour la parade, les hommes alignés et chantant... Nos fusils, nos canons et ceux des Anglais les ont fauchés; le soir il y avait devant nos lignes des mers de cadavres.

Dépêches officielles
Premier Communiqué

Les aviateurs belges ont bombardé le camp d'aviation de Ghistelles.

A l'est des Hauts-de-Meuse: près de Marcheville, nous avons enlevé 300 mètres de tranchées ennemies et repoussé deux contre-attaques.

Aux Eparges, nous avons poursuivi nos progrès des jours précédents et conquis 150 mètres de tranchées.

Deuxième Communiqué

Rien d'important à signaler sur l'ensemble du front.

A l'est des Hauts-de-Meuse, près de Marchèville, nous avons perdu une partie de la tranchée allemande conquise samedi.

A l'Hartmannswillerkopf, nous avons consolidé nos positions; le nombre total des prisonniers faits par nous au cours de l'attaque qui nous a rendus maîtres du sommet est de 6 officiers, 34 sous-officiers, 353 hommes non blessés, plus de nombreux blessés.

29 MARS 1915

Nieuport est violemment canonné par les Allemands. — Le vapeur anglais « Falbala » est coulé par un sous-marin allemand. — La flotte russe de la mer Noire bombarde les forts du Bosphore.

Situation des armées sur le front occidental

On signale une violente canonnade de l'artillerie allemande contre Nieuport-ville et Nieuport bains. Dans la région d'Ypres, les alliés ont fait sauter à la mine des postes d'écoute allemands.

Un journal d'Amsterdam annonce que des mouvements de troupes importants ont lieu en Belgique, de Bruges à Eecloo. L'état-major allemand a quitté Bruges et s'est fixé à Eecloo. Si cette nouvelle est exacte, elle semble indiquer que les Allemands prennent des dispositions en vue d'une retraite éventuelle. Cette retraite est pourtant peu probable à moins que les alliés ne la rendent obligatoire. Une autre information venant de Suisse paraîtrait plus exacte, c'est que les Allemands se préparent d'une façon intensive à tenter sur le front occidental, et avant l'été, un grand coup. Leurs usines travaillent jour et nuit pour terminer les fournitures de guerre qui leur sont nécessaires.

Il est certain qu'en ce moment, sur notre front, c'est plutôt le calme qui règne. Les communiqués d'aujourd'hui ne parlent que de deux actions locales. Aux Eparges, à la suite d'une violente contre-attaque allemande, l'ennemi a réoccupé quelques éléments de tranchées qu'il avait perdus le 27 et nous avons progressé sur un autre point.

Dans l'Argonne, autour de Bagatelle, la lutte a été assez vive mais c'est surtout la canonnade qui a dominé.

En Champagne, on ne signale que l'action de l'artillerie.

En Alsace, nos troupes ont fait ces jours derniers de sérieux progrès dans la vallée de Munster, malgré l'arrivée de nombreux renforts allemands venus de Colmar.

Le bombardement de Thann par les canons lourds allemands continue, quoique nous ayons nous-même de l'artillerie lourde sur le Volfskoopf au nord de Steinbach mais nos pièces ne peuvent pas arriver à détruire les pièces ennemies qui sont abritées dans la forêt de Nonnenbruch. Tous les efforts des Allemands pour reprendre Thann paraissent voués à l'impuissance depuis que nous avons réoccupé l'Hartmannswillerkopf et les pentes au delà de la crête.

F. B.

Nouvelles diverses publiées par les journaux

— Le vapeur anglais *Aguila* de Liverpool vient d'être coulé par un sous-marin allemand au large de la côte de Pembroke.

— Le vapeur anglais *Falaba* a été torpillé le 27 mars par un sous-marin allemand, dans le canal de Bristol, avec une sauvagerie inouïe. Sans attendre que toutes les embarcations fussent lancées, le sous-marin torpilla le navire près des machines. Trois canots furent brisés et les passagers précipités dans les flots. Le sous-marin évolua autour des malheureux sans faire le moindre effort pour les sauver.

— Le communiqué allemand du 29 mars annonce que le général von Kluck a été légèrement blessé par un shrapnel pendant qu'il inspectait une position avancée. Ce général commande une armée sur le front occidental.

— Le roi de Saxe vient paraît-il d'arriver à Bruges avec son état-major, il se rendra sur le front de l'Yser pour passer la revue de ses troupes.

— Ce matin, 29 mars, à 8 heures, un avion allemand a survolé Cassel, il a jeté six bombes puis il s'est dirigé sur Hazebrouck et Bailleul.

— On annonce de Berne que le kaiser se serait rendu à Schoenbrunn, dans le plus stricte incognito, pour engager l'empereur François-Joseph à accorder une concession territoriale à l'Italie en échange de sa neutralité.

— La situation paraît très tendue entre l'Allemagne et la Hollande en raison des dommages causés à la marine hollandaise par les sous-marins allemands.

En Russie. — La bataille austro-russe sur la Pruth se développe avec une extrême violence. Un combat sauvage se livre sur plusieurs points et hier les russes ont réussi à franchir la rivière malgré une vive canonnade des Autrichiens.

A l'ouest du Niémen les combats revêtent le caractère d'une offensive mutuelle. A Ossowietz la canonnade allemande diminue d'intensité.

L'avance russe en Hongrie se poursuit, depuis le 23 mars, le front a été transporté de 45 kilomètres en avant dans le comté de Saros.

En Turquie. — Le 28 mars, la flotte russe de la mer Noire a bombardé les forts extérieurs du Bosphore. Un grand quatre-mâts ennemi a été bombardé et coulé.

Le bombardement des Dardanelles a recommencé le 27 mars au matin par l'escadre divisée en deux groupes, les forts ont répondu faiblement.

On annonce que le *Breslau*, en sortant du Bosphore a heurté une mine et a été sérieusement endommagé. Il est aussitôt rentré à Constantinople.

Documents historiques, récits et anecdotes

Nos sapeurs dans l'Argonne. — Sous les couverts de l'Argonne, entre les Buissons et les Abatis, sur un terrain accidenté et raviné, tranchées françaises et tranchées allemandes sont souvent si voisines que la lutte ne se poursuit qu'à coups de grenades à main et de bombes. Aucun des deux adversaires ne peut impunément apparaître au-dessus du parapet de la tranchée. La sape seule permet de gagner du terrain. Sous terre, les galeries cheminent, sapes et contre-sapes se croisent et se rencontrent, c'est à qui fera jouer son fourneau de mine le premier, en camouflant la sape de l'adversaire. Jour et nuit nos sapeurs travaillent. Dure et périlleuse besogne! Celui qui se laisse surprendre est perdu!

Inlassablement, les sapeurs piochent et creusent. Leurs chefs sont auprès d'eux, leur donnent l'exemple du sang-froid et savent à l'instant précis prendre la décision dont dépend le succès. Quelques chiffres donneront une idée de l'activité des compagnies du génie dans l'Argonne.

Entre le Four-de-Paris et Laire, elles ont déjà exécuté 3.000 mètres de galerie de mine et fait exploser 52 fourneaux, ayant nécessité 7.200 kilogrammes d'explosifs. Entre beaucoup d'autres, voici deux épisodes de cette guerre de mine:

Un fourneau difficile à charger. une attaque était montée contre les tranchées allemandes de Courtes-Chausses. Sept fourneaux de mine avaient été préparés, quatre sous l'ouvrage, les autres à quelques mètres en avant et en arrière. L'un de ceux-ci devait être chargé dans une galerie où depuis quelques jours on percevait le bruit confus d'une sape allemande. Un matin, on entendit le pionnier siffler et chanter, puis un sous-officier allemand vint mesurer l'avancement de la sape. On l'écouta gourmander les mineurs pour la lenteur de leur travail et déclarer que la mine devait être prête pour le surlendemain.

Le lendemain était le jour fixé pour notre attaque. Les explosifs furent mis en place, mais le soir l'attaque fut ajournée et le fourneau fut déchargé. Le jour suivant, on n'entendait plus aucun bruit dans la sape des Allemands. Leur mine devait être prête. Nos sapeurs, cependant, n'hésitèrent pas à retourner installer leur fourneau en vue de notre attaque définitivement fixée au lendemain. Ils venaient d'achever le bourrage et s'étaient retirés quand le camouflet allemand se produisit.

Un sous-lieutenant descendit dans la galerie pour aller reconnaître les résultats de l'explosion. Il put constater que grâce à des fissures naturelles du sol, il s'était produit un violent courant d'air. Les gaz n'avaient pas infecté la galerie, et la cheddite de notre fourneau n'avait pas explosé. Après avoir fait procéder au débourrage de la galerie, l'officier remit tout en place. Le lendemain, à l'heure prescrite, le fourneau jouait en même temps que les six autres, et la position ennemie tombait entre nos mains.

Une course souterraine. — Depuis plusieurs jours, nos sapeurs travaillant près de Bolante à une galerie souterraine, la sape était parvenue sous un poste d'écoute. L'on percevait très nettement le bruit des pas du guetteur; en même temps, l'écouteur pouvait entendre le travail des pionniers ennemis qui poussaient également une sape vers nos positions. Les deux galeries se trouvaient si proches que l'on se disposait à charger notre fourneau; mais brusquement la terre s'éboula à l'extrémité de notre sape. Le pionnier allemand qui se trouvait en tête du travail, se voyant face à face avec notre sapeur écouteur, s'enfuit précipitamment. Avant que l'alerte et été donnée du coté allemand, ordre était donné par l'adjudant-chef d'écoute, de barrer la galerie avec des sacs de terre et de charger rapidement un fourneau. L'on entendit les Allemands revenus en nombre, rouler des caisses d'explosifs dans leur sape, mais l'amorçage de notre côté était déjà terminé et nous avions évacué la galerie. La mise à feu de notre mine surprit les pionniers en plein travail. Leur fourneau explosa en même temps que le nôtre, et l'on put voir les travailleurs et les soldats du poste d'écoute, projetés dans les airs.

Dépêches officielles

Premier Communiqué

Dans la région d'Ypres, nous avons fait sauter à la mine un poste d'écoute allemand.

Aux Eparges, l'ennemi a cherché à reprendre les tranchées qu'il avait perdues le 27 mars. Après un violent combat, notre gain a été maintenu dans l'ensemble. L'ennemi a pris pied dans quelques éléments de ses anciennes tranchées et nous avons, d'autre part, progressé sur d'autres points.

Deuxième Communiqué

L'ennemi a canonné Nieuport-ville et Nieuport-bains, dégâts sans grande imporance au pont jeté sur l'Yser.

En Champagne, action d'artillerie aux abords de Beauséjour.

En Argonne, canonnade et lancement de bombes, principalement dans la région de Bagatelle, où l'activité reste très vive des deux côtés.

Partout ailleurs, journée calme et sans action d'infanterie.

30 MARS 1915

Un avion allemand jette des bombes sur Reims. — Les Allemands essayent de bombarder le fort de Douaumont près de Verdun. — Succès français à l'ouest de Pont-à-Mousson. — Des aviateurs anglais jettent des bombes sur Zeebrugge. — Une flottille française de la Manche coule un sous-marin allemand.

Situation des armées sur le front occidental

Sur la plus grande partie du front, il n'y a rien d'important à signaler en dehors de quelques tranchées perdues ou gagnées, ce qui ne modifie en rien la situation d'ensemble des belligérants.

En Argonne les combats qui se sont livrés sur certains points de la ligne n'ont donné aucun résultat appréciable malgré la ténacité et l'acharnement des combattants.

A l'ouest de Pont-à-Mousson nous avons remporté deux succès qui méritent d'être signalés. D'abord, dans le bois Le Prêtre, où nos troupes ont enlevé une ligne de tranchées et fait une centaine de prisonniers, puis sur la route de l'Auberge Saint-Pierre à Régniéville, où nous avons enlevé une poste allemand et repoussé plusieurs contre-attaques.

Ces deux opérations ont une réelle importance, surtout en raison d'une opération similaire exécutée par notre artillerie sur Hendicourt. L'ennemi aurait évacué cette localité dans le plus grand désordre. Le but est sans aucun doute de refouler le rideau de troupes qui couvre les lignes de communications entre Metz et l'armée de Saint-Mihiel.

Notre artillerie continue à dominer l'artillerie ennemie dans la plupart des actions engagées, elle réussit en général à réduire au silence toute batterie sérieusement repérée. Le

Bulletin des armées vient de publier une phrase bien faite pour nous donner confiance: « Il est permis de dire qu'un explosif nouveau est venu récemment décupler la puissance de nos canons ». Cette fois, ce n'est plus la rumeur publique, colportant des bruits plus ou moins exacts, qui nous fait connaître qu'un explosif puissant, formidable, va être employé par l'artillerie, mais bien la voie officielle. Donc plus de doute, notre artillerie, devenue dès le début des hostilités et de par la force de ses explosifs, la terreur de l'ennemi, va devenir dix fois plus forte, c'est officiel, par le seul fait de l'emploi d'un nouvel explosif.

F. B.

Nouvelles diverses publiées par les journaux

— On annonce de Rotterdam que les hangars à zeppelins de Berchem ont été détruits par des bombes lancées par un aviateur allié.

— Deux zeppelins ont été aperçus au-dessus de l'île hollandaise de Schirornonnikog se dirigeant vers l'ouest.

— Hier, un avion allemand, profitant du brouillard, a survolé Nancy et a jeté trois bombes aux environs du parc Sainte-Marie, la toiture d'une maison a été détériorée.

— Un matelot de la marine de guerre allemande vient d'être arrêté à Bordeaux, sur un voilier anglais qui se disposait à quitter le port.

— Pendant la nuit du 23 au 24 mars un croiseur auxiliaire de Marseille a arrêté en mer le voilier italien *Regina Elena* parti de Gênes pour l'Amérique du Sud. Il a saisi à bord du voilier environ 100 colis postaux allemands et autrichiens destinés à l'Espagne et à l'Amérique du Sud.

— Le service des informations des Etats-Unis qui possède tous les éléments d'une saine appréciation des pertes éprouvées par les belligérants évalue les pertes totales allemandes en tués, blessés, manquants et prisonniers à 1.750.000

hommes, et les pertes autrichiennes à peu près au même chiffre.

— Un engagement peu ordinaire a été contracté pour la durée de la guerre. Il s'agit d'un ancien agent-voyer, M. Surugne, âgé de 76 ans, ancien maire d'Auxerre, conseiller général de l'Yonne. Il a choisi le 8ᵉ génie et a demandé d'être affecté aux services de la réfection des voies et communication.

En Russie. — L'armée russe paraît maîtresse de la situation et refoule toutes les attaques allemandes. Un bataillon du 21ᵉ corps allemand qui s'était avancé sur la glace du lac Doussia a été anéanti par des charges à la baïonnette près du village de Zebrziszki.

A Ossowietz l'artillerie allemande a presque cessé le feu.

En Bukovine la retraite autrichienne s'effectue avec lenteur, les troupes paraissent épuisées. Les pertes autrichiennes, dans la seule journée du 27 mars, sont évaluées à 18.000 hommes.

En Turquie. — Le 29 mars plusieurs aéroplanes ont survolé le goulet des Dardanelles pendant que les navires alliés bombardaient les forts. Les opérations continuent.

On annonce de Constantinople qu'un iradé impérial décrète que les forces turques des Dardanelles seront considérées comme formant une cinquième armée placée sous les ordres du général Liman von Sanders.

En Roumanie. — On annonce de source diplomatique que l'Allemagne exerça dernièrement une forte pression sur la Roumanie pour obtenir le passage d'un corps d'armée allemand destiné à la Turquie. La Roumanie s'y refusa.

Documents historiques, récits et anecdotes

L'ACTION DES FLOTTES RUSSES. — *Historique des événements survenus pendant la guerre dans la Baltique.* — Dans le courant du premier mois, la flotte allemande s'est bornée à surveiller notre flotte. Cette attitude nous a laissé le temps de mettre en état de défense la région menacée et d'avancer notre ligne de défense. Certaines fractions de notre flotte ont ensuite abordé les opérations contre le littoral de l'adversaire.

Le 6 septembre, des forces navales considérables de l'ennemi ont fait leur première apparition dans le nord de la Baltique, se bornant à détruire le phare de Bogscher, tandis que des croiseurs légers, pénétrant dans le golfe de Bothnie, détruisaient le vapeur *Uleaborg*.

Une escadre allemande informée que nos forces s'apprêtaient à sortir se heurta, pendant la nuit, à ses propres torpilleurs, qu'elle bombarda, les prenant pour des vaisseaux russes. Elle causa ainsi des avaries à huit de ses unités.

Dès le commencement de septembre, la flotte allemande commença à faire des démonstrations près de notre littoral méridional. Ces opérations avaient tout le caractère des préparatifs d'une descente. Le 24 septembre, une escadre allemande comprenant des vaisseaux de transports s'approcha de Windau; mais, ayant constaté l'activité de notre flotte au sud de la Baltique, l'ennemi modifia son plan et borna ses efforts à mettre obstacle à notre activité au moyen de ses sous-marins.

Au cours des mois de septembre et d'octobre, les sous-marins allemands opérèrent dix-neuf attaques, sur lesquelles neuf échouèrent, parce que les torpilles n'atteignirent pas leur but, et neuf autres restèrent vaines parce que ces engins ne purent pas être lancés. Une seule réussit.

En somme, le résultat a été que les sous-marins ennemis ont été très éprouvés. L'un d'eux a été détruit par le feu du croiseur-cuirassé *Bayan;* un second, d'un type nouveau, a été coulé par le torpilleur *Letoutchiy;* un troisième a sauté le 11 octobre, après avoir heurté nos torpilles, qui en ont probablement encore détruit deux autres.

L'échec des opérations des sous-marins ennemis est d'autant plus symptomatique que précisément à ce moment-là la flotte russe montrait une activité intense sur le littoral allemand, après avoir terminé ses préparations. Son activité s'est manifestée surtout dans le nord de la Baltique.

Le résultat des opérations de la flotte russe sur le littoral allemand n'est pas encore rendu public. Néanmoins, on peut dire que les unités de combat de l'ennemi ont subi des pertes graves et que nos adversaires furent très gênés dans leur mouvement le long de leurs propres côtes, où ils perdirent plusieurs bateaux de transports avec leurs munitions.

Pendant ce temps-là, la flotte russe protégea nos côtes, acquit l'expérience des moyens techniques des combats modernes et put renforcer puissamment ses unités.

Dépêches officielles

Premier Communiqué

La journée du 29 a été calme sur l'ensemble du front.

Un avion allemand a lancé des bombes sur Reims; deux personnes ont été blessées. Un projectile est tombé sur l'abside de la cathédrale.

Un tir bien réglé de notre artillerie a forcé l'ennemi à évacuer en désordre le village d'Heudicourt (nord-est de Saint-Mihiel).

Deuxième Communiqué

Dans la nuit du 29 au 30, l'ennemi a continué à bombarder sans résultat les ponts de Nieuport.

Dans la journée du 30, canonnade intermittente sur tout le front de la mer à l'Aisne.

En Champagne, dans la région de Perthes-Beauséjour-Ville-sur-Tourbe, action d'artillerie et lutte de mines où nous avons pris l'avantage.

En Argonne, le combat se poursuit sur quelques points des lignes avec ténacité et acharnement, mais sans résultat appréciable de part ni d'autre.

Hier, le fort de Douaumont (nord de Verdun) a reçu quelques obus de 21. Notre artillerie a immédiatement réduit la batterie allemande au silence; le fort n'a subi aucun dégât.

Dans la partie ouest du bois Le Prêtre (quart en réserve), nous avons enlevé une ligne de tranchées où nous avons fait une centaine de prisonniers, dont un officier et trois sous-officiers. Malgré une violente contre-attaque, nous avons conservé la majeure partie des tranchées conquises.

A l'ouest de Pont-à-Mousson, sur la route de l'Auberge-Saint-Pierre à Régniéville, nous avons, dans la nuit du 29 au 30, enlevé un poste allemand et repoussé trois contre-attaques.

Sur le terrain des combats de l'Hartmannswillerkopf, 700 cadavres allemands ont été comptés.

31 MARS 1915

Succès français au Four-de-Paris. — Les aviateurs français Garros et Navarre abattent chacun un avion allemand. — Le bombardement des Dardanelles est repris.

Situation des armées sur le front occidental

Les communiqués du 31 mars nous signalent un regain d'activité en Argonne, au bois Le Prêtre, dans la région de la forêt de Parroy et de sérieux combats d'artillerie en Champagne. Un télégramme hollandais nous annonce que les Allemands se replient devant les troupes belges qui occupent Middlekerke, à 8 kilomètres d'Ostende. Les journaux anglais vont même plus loin, ils prétendent qu'il résulte de rapports circonstanciés venus des Flandres, que les Allemands ont l'intention de faire un changement de front en

Belgique. Des forces de cavalerie ont déjà été retirées de la ligne de l'Yser qui serait abandonnée. Cette retraite serait rendue nécessaire à cause de la pression des alliés sur le front actuel.

Il est certain qu'un conseil de guerre se tient en ce moment à Berlin et que des dispositions importantes vont être prises pour la campagne de printemps sur les deux fronts, mais il est difficile de croire à une retraite allemande.

Ce qui est évident, c'est que nous traversons en ce moment une période de calme relatif qui semble être une période transitoire pendant laquelle se préparent des opérations importantes.

C'est pendant la nuit du 30 au 31 mars que se sont déroulés les combats en Argonne signalés dans les communiqués d'aujourd'hui, entre le Four-de-Paris et Bagatelle, nous avons enlevé 150 mètres de tranchées et fait des prisonniers.

Dans la même nuit, l'ennemi a attaqué avec de grosses forces la position à l'ouest du bois Le Prêtre que nous lui avions prise la veille, il a tout d'abord réussi, mais à 8 heures du matin, il était à nouveau délogé.

Les opérations en Alsace sont à nouveau interrompues dans la vallée de l'Ill où de vastes étendues de terrain sont inondées. A Masevaux, les maisons sont envahies par l'eau.

Nos aviateurs ont montré beaucoup d'activité et ils ont jeté de nombreuses bombes en Voëvre, en Champagne et en Belgique.

F. B.

Nouvelles diverses publiées par les journaux

— Des aviateurs anglais ont jeté un grand nombre de bombes sur les fortifications, les ateliers et la station des sous-marins.

— Le ministère de la marine communique que le 30 mars,

au large de Dieppe, un bâtiment de la flottille légère française a aperçu un sous-marin navigant en surface, il lui a donné la chasse, l'a forcé à plonger, a canonné son périscope et a passé au-dessus de lui au moment où il disparaissait. Il y a tout lieu de croire qu'il a été détruit.

— Le vapeur anglais *Flaminian* a été coulé le 28 mars à hauteur des îles Scilly. Dans les mêmes parages, un autre vapeur anglais *Crown-of-Castille* a été torpillé probablement par le même sous-marin.

— Un autre vapeur *City-of-Cambridge* vient d'arriver à Liverpool après avoir échappé à la poursuite d'un sous-marin.

— On annonce de Châlons-sur-Marne que parmi les prisonniers de guerre qui viennent de passer dans cette ville, se trouve un aviateur allemand, le fils de von Bissing, gouverneur de la Belgique.

— A la suite du enquête ouverte sur l'incendie du transatlantique la *Touraine*, on a arrêté un des voyageurs de ce paquebot, Raymond Swoboda, se disant sujet américain, mais que l'on croit être un espion allemand. Il aurait introduit dans ses bagages un corps détonant destiné à provoquer l'incendie.

— On prétend qu'une alliance défensive vient d'être conclue à Malmoë entre les trois puissances scandinaves. La Norvège et le Danemarck soutiendrait la Suède, si elle était attaquée par la Russie, la Suède et le Danemarck soutiendrait la Norvège dans le même cas, la Suède et la Norvège soutiendrait le Danemarck s'il était attaqué par l'Allemagne.

En Russie. — L'offensive russe continue dans les Carpathes, dans la journée du 29 mars, ont été faits prisonniers, 1750 hommes de troupe et 38 officiers.

La ville de Libau, sur la Baltique a été bombardée le 28 mars, par une escadre allemande. On ne signale que deux victimes.

En Turquie. — La flotte russe de la mer Noire a bombardé Zoungouldak, Kozla, Kilimi et Eregli.

Un hydravion français a survolé Smyrne, occasionnant une vive panique parmi la population.

En Bulgarie. — De source diplomatique, on annonce que, en aucun cas, la Bulgarie ne marchera contre la Triple-Entente et ses alliés.

Documents historiques, récits et anecdotes

Un boche roué de coups par les suisses. — L'effronterie des boches ne connaît plus de limites. On télégraphie de Porrentruy que, l'autre jour, le directeur d'une grande coutellerie de Solingen, voyageant en Suisse pour affaires, se rendit dans un restaurant de Porrentruy. Il mangea et but copieusement, parlant tout le temps en français, qu'il maniait, d'ailleurs, avec aisance.

Mais le moment du règlement de comptes venu, il refusa de payer si l'addition ne lui était pas faite en allemand.

Comme le patron ignorait la langue des boches, un consommateur obligeant s'offrit pour servir d'interprète. Tout fut inutile, cet Allemand enragé s'obstinait à répéter à son hôte:

— Vous devez me parler en allemand ou je ne payerai pas.

Comme il était facile de le prévoir, cette querelle d'Allemand se termina par une correction formidable et bien méritée.

Le plus fort est que rien ne put vaincre l'entêtement germanique. Ce fut un compatriote du rossé qui se résigna à solder l'addition afin de mettre fin à l'incident.

Dépêches officielles

Premier Communiqué

Aucune modification n'a été signalée dans la situation depuis le communiqué d'hier soir.

Deuxième Communiqué

En Champagne, actions d'artillerie dans la région de Beauséjour et de Ville-sur-Tourbe.

En Argonne, activité incessante, particulièrement entre le Four-de-Paris et Bagatelle. Les combats se livrent parfois à si courte distance qu'un *minenwerfer* atteint par une de nos grosses bombes a été projeté dans nos lignes. Dans la nuit du 30 au 31, nous avons enlevé cent cinquante mètres de tranchées en faisant des prisonniers et en prenant deux lance-bombes.

Pendant toute la nuit du 30 au 31, l'ennemi a bombardé les tranchées qu'il avait perdues le 30 au bois Le Prêtre. Il a contre-attaqué au petit jour avec plusieurs bataillons et a réussi à reprendre pied dans la partie ouest de la position; mais dès huit heures, il en était de nouveau délogé. Le gain réalisé le 30 est donc intégralement maintenu; nous avons fait des prisonniers, dont un officier.

Dans la région de Parroy, combats d'avant-postes qui ont tourné à notre avantage.

Nos aviateurs, au cours de vols de nuit exécutés le 30 mars, ont lancé vingt-quatre obus sur des gares et des bivouacs ennemis en Woëvre, en Champagne, dans le Soissonnais et en Belgique.

Dans la journée du 31, la gare maritime de Bruges et le camp d'aviation de Gils ont été bombardés avec succès.

1ᵉʳ AVRIL 1915

Les troupes française s'emparent de Fey-en-Haye (Voëvre). — Le général Pau arrive à Athènes. — Progrès russes dans la région d'Ujok (Carpathes).

Situation des armées sur le front occidental

De la mer du Nord jusqu'à l'Oise les combats d'infanterie ne paraissent être ni violents, ni nombreux; on a cependant l'impression que quelque chose se prépare. La lutte d'artillerie qui se livre sans discontinuer sur le front de l'Yser, l'activité fébrile des aviateurs alliés, les nombreuses bombes jetées sur les hangars à zeppelins et sur les bases de sous-marins, le bombardement de Zeebrugge par des avions et par la flotte anglaise doivent inquiéter l'état-major allemand ou tout au moins gêner ses combinaisons. Pendant cette période de préparation, le général Joffre est allé décorer des officiers belges et dans une conversation il a dit: « La guerre ne tardera pas à se *terminer à l'avantage des alliés* ». Ce sont de bonnes paroles qui, venant du général en chef, ont une très grande portée. Ces propos ont sans aucun doute été tenus car la censure ne les aurait pas laissé publier. Nous pouvons donc donner libre cours à toutes nos espérances sur la fin relativement prochaine de la guerre, on parle de Juillet, et sur son heureux résultat.

De l'Oise jusqu'aux Vosges, c'est la guerre de mines, que quelques-uns appellent la guerre de taupes, qui paraît être en faveur depuis quelques jours. Devant Dompierre, au sud-ouest de Péronne nous avons fait exploser quatre fourneaux de mines. Près la ferme du Choléra, au nord de Berry-au-Bac, nous avons fait sauter un fourneau de mine au moment où l'ennemi y travaillait. Un poste d'écoute a disparu dans l'entonnoir. Il paraît que nos sapeurs sont très forts dans cette sorte de lutte souterraine et qu'aidés de nos troupiers ils prennent souvent l'avantage sur les travaux ennemis de même nature.

Le communiqué de 23 heures nous apprend que nous avons poursuivi, nos succès à l'ouest et au delà du bois Le Prêtre et que nous avons occupé la localité de Fey-en-Haye; que nous nous y sommes maintenus malgré de vigoureuses contre-attaques allemandes.

A signaler également deux actions d'éclat des aviateurs Garros et Navarre.

F. B.

Nouvelles diverses publiées par les journaux

— L'aviateur anglais Frank Andréa a lancé ce matin, 1er avril, quatre bombes sur les sous-marins allemands en construction à Hoboken, près d'Anvers. Un autre aviateur, le lieutenant John Wilson, a lancé quatre bombes sur deux sous-marins mouillés à la côte de Zebrugge.

— Dans la journée du 31 mars, les aviateurs alliés ont bombardé avec succès la gare maritime de Bruges et le camp d'aviation de Gits.

— Un zeppelin a survolé Bailleul, le 31 mars, vers 2 heures du matin, il a jeté deux bombes qui sont tombées dans les champs.

— Le vapeur français *Emma* qui allait de Dunkerque à Bordeaux a été torpillé sans avertissement préalable, le 31 mars, au large de Beachy-Head.

— La flottille française de Toulon a arrêté au large le vapeur espagnol *Cullera* qui se rendait à Gênes avec un chargement de coton. La cargaison a été saisie.

— Deux torpilleurs anglais ont arrêté et conduit à Newhaven le navire allemand *Lodewsky-van-Nassau*. On suppose que ce bateau ravitaillait en pétrole les sous-marins allemands.

— Dans la nuit du 31 mars au 1ᵉʳ avril, plusieurs incendies ont éclaté dans le parc de Chambord. Il y avait quatre foyers éloignés l'un de l'autre. Le feu a pu être circonscrit. Cent hectares environ de bois ont été brûlés.

— On annonce la mort, à Londres, le 31 mars, du baron lord Natham-Meyer-Rothschild, conseiller privé, grand-croix de l'ordre de Victoria. Il dirigeait la banque Rothschild de Londres.

En Russie. — L'étoile du général allemand von Hindenburg commence à pâlir et son offensive contre la Pologne est définitivement enrayée, il lui faudra recourir à un nouveau plan de campagne. Les troupes allemandes abandonnent le siège d'Ossowietz, plus de 60 canons lourds ont été emmenés dans la direction de Lyck.

Les troupes autrichiennes qui ont pénétré en Bessarabie ne paraissent pas inquiéter les Russes et ne gênent en rien l'offensive en Hongrie.

En Turquie. — Les opérations des Dardanelles et du Bosphore sont stationnaires en raison du mauvais temps.

Les alliés ont choisi l'Egypte comme base des opérations dans les Dardanelles, 22 transports pouvant embarquer 60.000 hommes sont sous pression à Alexandrie. En outre des troupes indiennes, australiennes, zéelandaises et indigènes, on attend cette semaine 60.000 hommes du corps expéditionnaire français d'Algérie.

Documents historiques, récits et anecdotes

LE VAINQUEUR DE LONGWY. — On rapporte la scène suivante, qui s'est passée au mois d'août, à Luxembourg, à l'hôtel de Cologne, où Guillaume II, entouré de son état-major, dînait en attendant l'arrivée du général qui venait d'enlever la place de Longwy.

Dès que celui-ci fut en sa présence, le kaiser, fou de colère, l'apostropha en ces termes:

« Comment, c'est pour prendre ce fortin défendu par

quelques bataillons, que vous avez inutilement sacrifié des milliers de nos meilleurs soldats? Nous reparlerons de vos exploits quand la guerre sera finie. »

Le général devint blême, et, sachant qu'un officier supérieur flétri par la colère impériale en présence de ses pairs est condamné pour toujours, il se raidit et lança à la face de Guillaume II cette authentique et fière réponse: « Majesté, si mes soldats ont marché en rangs serrés sur Longwy et se sont fait massacrer inutilement, c'est sur l'ordre de votre gamin de fils qui, en sûreté, à une distance de 20 kilomètres en arrière du front, n'a cessé de me faire téléphoner: « A l'assaut, toujours à l'assaut. »

Ayant dit, le général s'inclina et sortit au milieu de la stupéfaction générale et, sur le trottoir, devant l'hôtel, se brûla la cervelle.

Huit jours après, on a mis en vente, en Allemagne, une carte postale avec le portrait du kronprinz que soulignait cette légende: « Le vainqueur de Longwy. »

Dépêches officielles

Premier Communiqué

La lutte de mines se poursuit sur de nombreux points du front devant Dompierre (sud-ouest de Péronne); nous avons fait exploser avec succès quatre fourneaux; près de la ferme du Choléra (nord de Berry-au-Bac), nous avons fait sauter un rameau de mine au moment où l'ennemi y travaillait et nous avons fait suivre l'explosion d'une rafale de 75.

Un poste d'écoute allemand a disparu dans l'entonnoir.

Au bois Le Prêtre, le nombre exact des prisonniers faits par nous est de cent quarante, dont trois officiers. Toutes les contre-attaques allemandes ont été repoussées.

L'attaque dirigée contre nos avant-postes dans la région de Parroy aurait été menée par un bataillon de landwehr; elle a échoué avec de fortes pertes.

Les aviateurs belges, au cours de la nuit du 30 au 31, ont bombardé le camp d'aviation d'Handzaeme et le nœud de voies ferrées de Cortemarck.

Deuxième Communiqué

Combats d'artillerie sur différents points du front.

En Woëvre, à l'ouest du bois Le Prêtre, nous avons occupé le village de Fey-en-Haye et nous nous y sommes maintenus, malgré plusieurs contre-attaques.

En Lorraine et dans les Vosges, rien à signaler.

Au sud de Dixmude, le lieutenant aviateur Garros a abattu un aviatik à coups de mitrailleuse.

Dans la région de l'Aisne, un autre aviateur allemand a été abattu à coups de fusil par l'aviateur Navarre.

---

2 AVRIL 1915

Des aviateurs français bombardent la gare de Vigneulles. — La croix de guerre est définitivement adoptée par le Parlement français. — Les Russes remportent un gros succès à Bartfeld (Carpathes).

Situation des armées sur le front occidental

Les communiqués d'aujourd'hui sont on ne peut plus laconiques, à 15 heures et à 23 heures, rien d'important à signaler. Comme opérations locales de second ordre, on annonce qu'au sud de Péronne, à Dompierre, nous avons détruit à la mine plusieurs tranchées ennemies et qu'à Bagatelle, en

Argonne, une tentative allemande a été arrêtée net par le feu de nos troupes.

Tout en constatant le succès de nos opérations de détail, il nous faut reconnaître que nos aviateurs déploient une activité très grande et font preuve d'un héroïsme qui mérite les plus grands éloges. Le communiqué d'hier, contrairement à son habitude nous a cité deux noms parmi ces héros de l'air, Garros et Navarre.

Ces noms nous étaient déjà connus et nous leur adressons, ainsi qu'aux autres aviateurs anonymes, le témoignage de notre admiration. C'était leur tour hier de se distinguer parmi les plus braves, demain nous connaîtrons d'autres noms parmi ceux qui chaque jour risquent leur existence pour le salut de la patrie et l'honneur du drapeau.

Si les communiqués sont muets sur les opérations en Belgique, les journaux nous disent: Le canon tonne sans interruption sur l'Yser. Les Belges se battent avec acharnement dans la région de Nieuport, Lombaertzyde, Dixmude. Les blessés allemands affluent toujours à Bruges et à Tournhaut. Malgré de violentes attaques, le moulin situé sur la rivière entre West, Roozebeke et Paschendaele reste toujours aux mains des alliés.

Dans la forêt d'Honthulst, entre Langemarck et Woumur, un millier de cadavres allemands couvrent le terrain. Les Allemands essayent d'étendre les inondations de l'Yser et c'est dans ce but que leur grosse artillerie a dirigé ces jours derniers son tir sur les écluses. Cette tentative a complètement échoué. Nous n'avons qu'à attendre patiemment la confirmation officielle de ces bonnes nouvelles.

F. B.

Nouvelles diverses publiées par les journaux

— On vient d'apprendre que le capitaine Claude Casimir-Périer, fils de l'ancien président de la République, dont on était sans nouvelles depuis le 29 janvier a été tué à cette époque sur le front de l'Aisne, à la tête de sa compagnie.

— On mande de Rotterdam que la situation est très critique entre l'Allemagne et la Hollande. Les autorités militaires travaillent avec énergie, les soldats en congé ont été rappelés, les réservistes ont été convoqués, Le trafic des marchandises avec l'Allemagne a virtuellement cessé.

— Le vapeur anglais *Steven Seas* a été coulé hier par un sous-marin allemand à hauteur de Berchy-Head.

— Le sous-marin allemand *U-10* a coulé ce matin 2 avril, trois chalutiers anglais au large de Shields.

— Un avion allemand a été abattu près de Poperinghe par nos canons. Les aviateurs ont été tués.

— Sur quatre avions allemands venus pour survoler Ramscapelle, l'un fit une chute terrible, les deux aviateurs ont été tués et l'appareil brisé.

— On annonce de Toulon que depuis huit jours, nos unités, dans leurs croisières, ont saisi, à bord de divers bâtiments 2.500 colis postaux d'origine allemande. Cinq vapeurs ont été conduits dans les ports du littoral, pour y décharger des marchandises à destination ou de provenance d'Allemagne.

— Environ 600 prisonniers français ayant été conduits dernièrement à Lille en attendant qu'ils soient transportés en Allemagne, les Lillois les ont accueillis aux cris de « Vive la France! Vive l'armée! » Une foule nombreuse leur jetait cigares, cigarettes et provisions de bouche. La municipalité de Lille a été frappée d'une pénalité de 500.000 francs pour la réception faite aux prisonniers français.

En Russie. — L'armée russe a remporté le 31 mars un grand succès sur l'armée allemande, à l'ouest du Niémen.

Les détachements autrichiens qui avaient pénétrés en Bessarabie ont été entourés par les Russes et partiellement exterminés. Leurs débris, environ 1.500 hommes ont été faits prisonniers.

Le lieutenant-colonel Miassoyedow attaché à l'état-major de la 10ᵉ armée russe, convaincu d'espionnage a été condamné à mort et pendu.

En Turquie. — Les opérations dans les Dardanelles sont limitées au repérage des batteries côtières et au relèvement des mines.

La flotte russe a coulé le 27 mars, un torpilleur turc et en a endommagé un autre.

Documents historiques, récits et anecdotes

Les dernières opérations navales. — *Voici le bulletin des opérations navales des derniers jours de mars.*

Dans les Dardanelles. — Une série de mauvais temps a empêché la reprise des opérations actives aux Dardanelles. On a pu, cependant, continuer le dragage des mines dans la région du vestibule du goulet de Chanak.

Le 26 mars, une division mixte de cuirassés anglais et français, accompagnés du croiseur russe *Askold*, a bombardé, du golfe de Saros, les lignes fortifiées de Boulaïr.

Le 28 mars, la flotte russe de la mer Noire a bombardé efficacement les forts et batteries extérieures du Bosphore. Des torpilleurs turcs, qui avaient essayé de sortir du détroit, ont dû y rentrer.

Autres événements. — Le *Dessaix* a détruit par le canon, le 22 mars, le petit fort turc de Mowila, dans le golfe d'Akaba.

Le 28 mars, sur la côte de Syrie, le *D'Entrecasteaux* ayant envoyé visiter une barque à voile à la hauteur de Gaza, l'embarcation a été accueillie par des coups de feu tirés du rivage, qui ont tué un homme et grièvement blessé un autre. Le croiseur a immédiatement ouvert le feu et bombardé le village, le port et les troupes turques qui s'y trouvaient.

Le 22 mars, vers midi, le vapeur anglais *Southport* a été torpillé par un sous-marin allemand, dans le voisinage du bateau-feu du Royal-Sovereingn.

Le vapeur hollandais *Médéa*, allant de Salonique à Londres, a été coulé par le sous-marin *U-28*, le 25 mars, au large de Beachy-Head.

Le même jour, le vapeur anglais *Delmira*, de Liverpool, a été attaqué par un sous-marin allemand qui l'a canonné et incendié. L'équipage a abandonné le navire qui est venu s'échouer à la Hougue, le 26 au matin. L'incendie a été éteint. Le bâtiment, renfloué, a été ramené à Cherbourg le 1er avril.

Le vapeur *Lezzie*, qui a coopéré au sauvetage de l'équipage du *Delmira*, a rapporté avoir abordé (?) le sous-marin agresseur qui était le *U-37*, et avoir vu ensuite de larges nappes de pétrole à la surface de l'eau.

Le 27, vers dix-huit heures, le vapeur anglais *Aguila* a été torpillé au sud-ouest de Smalls. Vingt-trois hommes de l'équipage et trois passagers ont été noyés.

Dans l'après-midi du 28, le vapeur britannique *Bruszels* rencontra, près du bateau-feu de Maas, un grand sous-marin allemand qui lui ordonna de stopper. Le *Bruszels* ayant foncé dessus à toute vitesse, le sous-marin plongea précipitamment. On ne sait s'il a été coulé.

Le 28 mars, le paquebot anglais *Falaba* fut poursuivi et rattrapé, au commencement de l'après-midi, par un sous-marin. Dix minutes furent données pour évacuer le navire. Comme après ce laps de temps les embarcations n'avaient pas encore pu être mises à la mer, le sous-marin lança une torpille. Le *Falaba* coula en quelques instants. Il y avait à bord 120 hommes d'équipage et 144 passagers, que le sous-marin laissa périr sans secours. Un vapeur qui avait assisté au naufrage put toutefois recueillir 140 survivants.

Le 29, le vapeur anglais *Flaminian* a été torpillé et coulé. L'équipage a été sauvé par un vapeur danois.

Le 30, le vapeur *Crown-of-Castle*, anglais, a été également coulé. L'équipage a été sauvé par le vapeur français *Magellan*.

Dans l'après-midi du 30 mars, au large de Dieppe, un bâtiment de flottille de la deuxième escadre légère française a aperçu un sous-marin allemand naviguant en surface, l'a chassé aussitôt, l'a forcé à plonger, puis a canonné son périscope et manœuvré pour l'aborder. Il a passé au-dessus du sous-marin au moment où le périscope disparaissait et a constaté ensuite en cet endroit la présence d'une large nappe d'huile.

Dans la soirée du 28 mars, des navires allemands, s'approchant de Libau, ont tiré sur cette ville 200 coups de canon.

Le vapeur français *Emma,* du Havre, a été coulé par un sous-marin allemand, le 31 mars, à dix heures. Deux hommes de l'équipage, sur vingt-trois, ont été sauvés et ramenés à Douvres.

Le raid d'avions anglais sur Hooboken. — Un témoin oculaire du raid des aviateurs anglais sur Hooboken en fait ce récit:

Un des aviateurs descendit d'une très grande hauteur jusqu'à environ 100 mètres au-dessus des usines. L'appareil portait, croyait-on, le pavillon allemand. Ils pensaient que l'aviateur leur apportait d'heureuses nouvelles, et qu'il avait l'intention de descendre dans les environs. Mais subitement, l'aviateur lança des bombes, reprit de la hauteur, puis continua à tournoyer au-dessus des usines. Alors, de toutes parts, on tira le canon et les projectiles éclataient autour de l'appareil, qui ne fut pas atteint et disparut bientôt. Tous les habitants d'Hooboken vinrent dans la rue; mais aussitôt, les soldats allemands firent évacuer celle-ci et défendirent aux habitants de sortir de chez eux. Des autos-ambulances arrivèrent, et il faut croire que le résultat du jet des bombes fut efficace, car on vit plus tard 24 autos-ambulances quitter les usines dans la direction d'Anvers. L'attaque aérienne sur les usines d'Hooboken produisit une vive impression et remplit d'espoir les Belges. On distribua même des billets annonçant l'arrivée prochaine du général Joffre. Les Allemands sont muets au sujet de ce qui arriva à Hooboken et les journaux belges ne publièrent aucune information à ce sujet. Les journaux hollandais tolérés par la censure allemande qui donnaient des détails au sujet du raid aérien sur Hooboken ont été confisqués.

LES RAVAGES DU NOUVEL EXPLOSIF. — L'autorité militaire annonçait l'autre jour par une note officielle des plus brèves la découverte d'un nouvel explosif qui « décuple la puissance de notre artillerie ». La lettre suivante adressée du front par un petit gars vendéen à sa famille apporte cette preuve à l'appui:

« Nous avions à enlever trois tranchées boches, et ça menaçait d'être dur. Derrière nous, notre artillerie, plus de 100 pièces: des 75, des 90, des 105, se met à tonner. Quel vacarme! Et en avant! Les obus éclataient si serrés que l'air paraissait tout en feu. Au signal, nous voilà partis en courant, baïonnette au clair, nous attendant à une pluie de balles. Mais rien! pas un coup de fusil. Arrivés à la tranchée, nous nous arrêtons, pétrifiés ils étaient tous morts là-dedans; vous entendez bien! tous.

« Dans un coin, un mitrailleur, enchaîné à sa pièce, était encore debout, mais il ne tenait que par ses liens. Le pauvre martyr! C'est égal, on ne nous traiterait pas comme cela, nous autres! Alors, nous nous lançons sur la seconde tranchée, puis sans nous arrêter, sur la troisième. Personne ne nous tire dessus, et c'était partout la même chose: le fossoyeur n'avait plus qu'à y passer. Les anciens, qui sont au feu depuis six mois, en étaient tous bleus. Jamais ils n'avaient rien vu de pareil. »

Dépêches officielles

Premier Communiqué

Rien d'important à ajouter au communiqué d'hier soir.

Au sud de Péronne, près de Dompierre, nous avons détruit à la mine plusieurs tranchées ennemies.

En Argonne, à Bagatelle une tentative allemande a été arrêtée net.

Des avions français et belges ont jeté une trentaine d'obus sur le champ d'aviation de Handzaeme.

Deuxième Communiqué

Sur l'ensemble du front, rien d'important n'a été signalé. A sept heures du matin, à l'est de Soissons, un avion allemand a été abattu dans nos lignes; c'est le troisième en vingt-quatre heures.

Une escadrille de bombardement a lancé 53 obus sur les baraquements, les hangars et la gare de Vigneulles (Woëvre); la plupart des projectiles sont tombés en plein sur les objectifs. Nos avions ont été très violemment canonnés et de très près; trois d'entre eux sont rentrés avec de grosses déchirures aux ailes; les autres ont reçu des balles de Shrapnels dans les toiles. Aucun des aviateurs n'a été atteint. Tous les appareils sont revenus dans nos lignes sans accident.

**Le 23ᵉ fascicule paraîtra incessamment
Réclamer les fascicules précédents**

NIORT. — IMP. TH. MARTIN.